CÓMO VIVIR SOLTERO Y EN PAZ

Las Claves para Vivir en Paz y Tranquilidad sin Tener una Pareja

CLEMENT BAXTER

La información contenida en este documento se ofrece únicamente con fines informativos, y es universal como tal. La presentación de la información se realiza sin contrato y sin ningún tipo de garantía endosada.

El uso de marcas comerciales en este documento carece de consentimiento, y la publicación de la marca comercial no tiene ni el permiso ni el respaldo del propietario de la misma.

Todas las marcas comerciales dentro de este libro se usan solo para fines de aclaración y pertenecen a sus propietarios, quienes no están relacionados con este documento.

Índice

Introducción

¿TE ASUSTA el hecho de estar "solo/a"? Puede que hayas terminado una relación, nunca hayas tenido una, o simplemente te encuentres en un lugar nuevo en el que no conoces a muchas personas, lo que quizás te hace creer o sentir que estás solo/a, te provoca instantáneamente pensar en el qué dirán tus amigos o las personas cercanas a ti, temer las opiniones que rumoreen que estás solo/a y que por el hecho de no tener pareja vives infeliz, o tal vez simplemente te hace sentir que aún no te acostumbras a sentirte bien contigo mismo/a.

No necesitas tener a una persona en particular acompañándote para ser feliz, como nos dice continuamente la sociedad.

. . .

La mayoría de nuestras preocupaciones por hacernos creer que todos verán algo mal en nosotros y nos juzgarán provienen de estigmas sociales que no deberían dictar la manera en la que vivimos la vida, pero que nos exigen cumplir y que limitan nuestro actuar.

Es común escuchar comentarios condescendientes hacia quienes no tienen una pareja o no comparten su vida con alguien. A pesar de que somos seres sociales, y las interacciones con otras personas son importantes para el desarrollo humano, eres capaz de vivir de manera plena con tu propia compañía sin importar que tengas o no una relación sentimental o un plan con amigos cada fin de semana (¡sin significar que debas convertirte en un/a ermitaño/a, claro!)

En este punto, seguramente tienes muchas preguntas, pero estás en el lugar indicado, pues este libro contiene muchas respuestas, así que sigue leyendo. Aprenderás a disfrutar tu propia compañía sin pensamientos intrusivos, entendiendo tu proceso y obteniendo consejos para sentirte cómodo/a y encontrar tu propia felicidad, sin que esta dependa de terceras personas.

· · ·

Aprenderás acerca del sentirte bien contigo mismo/a, que básicamente significa ser capaz de reconocer tu propio valor, tener confianza en tus capacidades, escucharte y saber ponerte en primer lugar sin sentirte culpable por ello. En otras palabras, vivir bien contigo mismo/a significa conocerte, aceptarte y amarte con tus fortalezas y limitaciones.

Tienes que ser consciente de que a veces hay que tener paciencia para lograr un bienestar absoluto, pero eso únicamente está en ti y en tus ganas de querer encontrarlo. Cuando termines de leer el libro tendrás muchas más herramientas útiles y consejos que podrás llevar a la práctica para mejorar tu vida como una persona única y completa.

Te sorprenderás al experimentar esta felicidad contigo mismo/a que posiblemente no habías imaginado encontrar. Aprenderás múltiples opciones de diversión y felicidad sin necesidad de una pareja pues la mejor compañía que puedes tener ¡eres tú mismo/a!

Lee con atención cada capítulo y mantén la mente abierta para absorber todo el conocimiento proporcionado y olvidarte de las falsas creencias acerca de la felicidad y la compañía. ¿Estás listo/a para aprender a vivir feliz como soltero/a?

Renunciar a la búsqueda

Lo más probable es que, si estás leyendo esto, ya seas soltero/a. Si todavía estás indeciso/a sobre continuar tu búsqueda de una relación romántica, ¡es bueno ver que estás haciendo tu tarea! Es comprensible si te sientes en conflicto acerca de abandonar la búsqueda de tu pareja perfecta. Ya sea que estés cansado/a por el proceso anterior o nunca hayas encontrado a la persona adecuada, es una gran decisión cancelar la búsqueda.

Entonces, ¿cómo saber cuándo dejar de buscar una relación? Realmente no hay una respuesta única para esa pregunta. Para descubrir qué es lo mejor para ti, echa un vistazo a tu agenda durante una semana y ve cuánto tiempo estás dedicando a buscar pareja. Luego compáralo con todo lo demás que tienes que hacer todos los días.

¿Te estás quedando atrás en las cosas importantes? ¿Hay tareas que te gustaría poder realizar y que tienes que dejar de lado porque pasas todo tu tiempo libre buscando pareja? Eso podría ser una señal de que deberías pausar la búsqueda por un tiempo.

Por supuesto, ese no debe ser el único factor para basar tu decisión, pero es una señal de alerta de que has estado descuidando las cosas que quieres o tienes que hacer en favor de buscar pareja. La moderación en la forma en que pasas tu tiempo es clave para mantener la felicidad y tu capacidad para manejar el estrés.

Si la forma en que usas tu tiempo está desequilibrada, probablemente valga la pena tomarse un descanso de buscar una relación para trabajar en ti mismo/a, para que la búsqueda te resulte menos exigente cuando decidas retomarla.

Otra señal de alerta que probablemente te esté diciendo que dejes de buscar una relación es tu tasa de éxito. Si te cuesta encontrar a alguien o sigues teniendo malas experiencias con las citas, probablemente sea el momento de tomarte un descanso por un tiempo.

Ahora, tu tasa de éxito en las citas se ve afectada por muchas circunstancias que no están bajo tu control, sin embargo, hay algunos factores clave que sí puedes controlar. Cosas como dónde te encuentras con tus posibles candidatos y lo que estás buscando en una pareja y una relación pueden contribuir a una tasa de éxito excelente o terrible cuando se trata de citas.

Probablemente hayas escuchado la frase "buscar el amor en los lugares equivocados" antes. Por más cliché que suene, el lugar al que vas para encontrar candidatos potenciales realmente tiene un efecto en el éxito que tendrás para encontrar a tu pareja perfecta.

Entonces, antes de que decidas dejarlo, ¿has intentado buscar otras formas de encontrar una pareja romántica?

Tal vez las aplicaciones de citas en tu ciudad no ofrecen lo que estás buscando. Tal vez la escena donde ambos chocan y se enamoran no va a suceder.

· · ·

Si sientes que estás haciendo todo bien y tu búsqueda aún no arroja ninguna coincidencia, está bien. Es desalentador, pero ciertamente no es raro o es algo de lo que avergonzarse.

Una de las peores cosas que puedes hacer por ti a largo plazo es conformarte con alguien solo porque no quieres estar solo/a.

Mantén tus estándares y espera hasta que llegue la persona adecuada. A veces esa persona adecuada se cruzará en tu camino cuando menos lo esperes. Ten fe en eso y trata de tomarte un descanso de la búsqueda activa de pareja. En cambio, ve si alguien aparece en tu vida diaria.

Ahora que has dedicado un tiempo a explorar por qué es posible que no hayas encontrado a alguien a pesar de que estás invirtiendo mucho tiempo y esfuerzo en buscar, hablemos sobre cómo te sientes acerca de tu búsqueda y sobre la posibilidad de elegir detener la búsqueda por ahora.

Está bien preguntarse "¿qué pasa si la persona adecuada aparece el día después de que borre la aplicación de citas?" O, "¿qué pasa si nunca encuentro a alguien?" Pero aquí está la cosa: si esa persona fuera "adecuada" para ti, se habrían puesto en tu camino mientras todavía estabas en el sitio de citas.

La persona adecuada siempre estará frente a ti en el momento adecuado en la vida de ambos. En cuanto a no encontrar a alguien, "nunca" es una palabra fuerte. El hecho de que hayas dejado de buscar ahora no significa que no comenzarás a buscar de nuevo en algún momento o que no conocerás a alguien de forma orgánica mientras realizas tu vida diaria.

Confía en tu instinto: si sientes que deberías dejar de buscar una relación, no dejes que tu cultura te haga sentir nervioso/a, o culpable, por la elección correcta para ti. Si te sientes mucho menos seguro/a en tu decisión de probar el estilo de vida de soltero/a, entonces has venido al lugar correcto.

Si te sientes desesperanzado/a y deprimido/a porque no encuentras una pareja, y piensas que debe haber algo mal contigo porque no has encontrado a alguien, ese es un sentimiento normal. Pero probablemente también estés pensando de esa manera debido a influencias externas.

. . .

No es justo para ti que te estés castigando por algo que no está bajo tu control.

Es posible que te sientas deprimido/a porque la mayoría de las culturas les dicen a las personas que serán más felices cuando tengan a alguien, o incluso que necesitan una relación romántica para sentir felicidad y validación como persona. Si bien los medios a menudo pintan estas declaraciones con buenos ojos, es importante recordar que eres capaz de hacer tu propia felicidad sin una relación romántica.

También podrías sentirte agotado/a buscando una relación. Se necesita mucho tiempo y energía para seguir exponiéndote y lidiando con todas las complicaciones que conlleva tratar de encontrar una pareja romántica. Tal vez sea hora de tomar un descanso, volver a centrarte y recuperarte de ese agotamiento para que puedas tener citas con energía fresca más tarde.

Antes de continuar, vale la pena resaltar que estar soltero/a es una elección, y debes reconocerlo para que cualquiera de estos consejos funcione para ti. Ser dueño/a de la opción de ser soltero/a no significa que debas presumir de ello, o que debas obligarte a tener confianza en ello automáticamente. Ser dueño/a de tu decisión se trata de comprender que tienes control sobre tus relaciones, dentro de cualquier ámbito de la vida.

La familia y amistades son importantes también

Cuando sales de una relación, tienes más tiempo para nutrir las otras relaciones en tu vida. En cuanto a las inversiones a largo plazo, invertir en amistades de calidad, ya sea forjándolas o manteniéndolas, es una de las mejores cosas que puedes hacer por ti mismo/a. Los amigos a menudo se quedan mucho más tiempo que las relaciones románticas, y el estilo de relación es muy diferente.

Si tienes la suerte de tener una familia cercana, mantener esas relaciones saludables es tan importante como cons-truir y mantener amistades. Es probable que tu familia haya estado atada al viaje de tu relación por más tiempo que nadie, y entenderán lo que estás pasando. Tener familia a tu alrededor, ya sea en persona o digitalmente, te ayudará a sentirte menos solo/a en este período de ajuste y también te proporcionará consejos sobre cómo adaptarte a la soltería.

. . .

Lo más probable es que alguien en tu familia haya estado donde estás antes. Tener a alguien allí para ti en persona que tenga experiencia en descubrir cómo triunfar como una persona independiente será un cambio de juego absoluto.

Ahora, por supuesto, eso también se puede decir de los amigos, pero un miembro mayor de la familia agrega una perspectiva completamente diferente.

Escucha sus experiencias tratando de encontrar pareja, saliendo y sabiendo cuándo estar solteros. Es posible que sus experiencias no hayan tenido que ver con internet, pero es probable que todavía haya algunas palabras sabias para ti en las historias que tienen para compartir.

En la actualidad no es mucho el tiempo que podemos pasar en familia debido a que los ritmos de cada día, la carga de trabajo, el estrés, etc. dejan poco tiempo para el ocio, o el disfrute y a menudo ese tiempo libre tendemos a dejarlo para el descanso. Con esta situación parece difícil dedicar tiempo a la familia.

A menudo el poco tiempo que tenemos en familia, lo dedicamos a no hacer nada, o hacer algo cada uno por su cuenta. Y no es solo la falta de tiempo en familia, sino la ausencia de actividades en familia. Esta ausencia es perjudicial para cada miembro de la familia, y para los niños en especial, pues sin tiempo para aprovechar el tiempo juntos, no hay manera de conocerse, generar un clima positivo ni de confianza y es normal que cada quien vaya a lo suyo y que los conflictos se agudicen.

Es de suma importancia hacer cosas en familia porque cuando esto sucede, es posible disfrutar de una actividad distendida y de disfrute. Compartir esta experiencia contribuye a hacer crecer los vínculos, y a mejorar el ambiente.

La familia es el grupo social que forma parte de nosotros, y compartir tiempo nos permite redefinirnos como personas y encontrar nuestro lugar dentro de la familia.

Supone enfrentarnos a diversas situaciones, y fortalece la confianza. Si todos nos divertimos juntos, todos tendremos emociones positivas juntos y nos sentiremos más cerca de la familia.

Es por eso que necesitas hacer cosas en familia, para estrechar vínculos, crear patrones adecuados lejos del estrés y las obligaciones. La familia no solo es un espacio social que provee de cuidados y alimentos y enseña las normas, sino que también se convierte en una entidad compartida de apoyo. No importa si no tienes mucho tiempo, es más importante la calidad del tiempo que la cantidad del mismo.

Algunas sugerencias que podrías llevar a cabo pueden ser que cada día dediques tiempo a hablar en familia; quita la televisión, deja los celulares y otros aparatos de lado y simplemente comunícate, pregunta, escucha y atiende.

No lo conviertas en una obligación, empieza a hacerlo con interés genuino y verás cómo poco a poco los demás lo hacen.

Prepara actividades en familia los fines de semana. Puede ser una salida al parque, comer fuera, ir al cine, jugar a un juego de mesa, o preparar una cena o desayuno especial en casa los fines de semana. De vez en cuando puedes hacer alguna actividad más especial como un fin de semana fuera, salidas con amigos, etc.

Otro beneficio de invertir tiempo en la relación con tu familia es que la familia no estará presente para siempre, y tener la oportunidad de compartir más tiempo juntos es valioso. Incluso si tu familia se encuentra en un país o región diferente, el simple hecho de reservar tiempo para comunicarte con ellos y compartir la vida con ellos te ayudará a sentirte menos solo/a y más conectado/a con el mundo exterior.

2

Cambiando tu cerebro

A ESTAS ALTURAS, todos hemos recibido el mensaje: tu salud mental afecta a cada parte de tu vida. En los últimos años, los medios de comunicación nos han mostrado la importancia de la salud mental, y tener conversaciones honestas sobre lo que nos pasa por la mente se ha vuelto más común y aceptable que nunca.

Así que hablemos sobre lo que está pasando dentro de tu cabeza. Cambiar la forma en que piensas de la soltería, y la soledad en general, marcará una gran diferencia en lo feliz y cómodo/a que estés con las relaciones que se presenten en tu camino. También es uno de los cambios que consumen menos tiempo y puedes hacerlo para mejorar tu perspectiva de la vida.

. . .

Esto no quiere decir que sea fácil, pero es el primer paso en la dirección correcta. Sabemos que los viajes de salud mental son excepcionalmente personales, así que, por favor, toma todo esto y ajusta lo que creas que te funcione en tu propio viaje para convertirte en lo más feliz que puedas ser en la vida que estás viviendo.

Uno de los mayores obstáculos para encontrar consuelo y felicidad al estar soltero/a, es el mensaje que los medios nos transmiten todos los días sobre estar en una relación. En esta era de la tecnología, los medios de comunicación realmente controlan los pensamientos sobre muchas cosas, incluido el amor.

El amor y las citas románticas son excelentes para la televisión, pero la situación es que, al ver todas estas parejas felices o los solteros infelices, cambian nuestra manera de pensar acerca de nuestras propias situaciones.

Probablemente todos hayamos visto esa escena en la película al menos una vez, en la que los dos personajes principales se enamoran y de repente todos sus problemas desaparecen. Todos estos guiones de las películas están reforzando silenciosamente nuestra creencia de que necesitamos estar en una relación para ser felices.

.   .   .

Pero eso no es cierto, y al ser consciente del sesgo en los medios de comunicación que ves constantemente, harás maravillas por tu propia felicidad como persona soltera.

Entonces, ¿cómo desaprender lo que hemos estado viendo en los medios de comunicación sobre el amor y las citas? En primer lugar, ten en cuenta el sesgo de los medios que estás consumiendo. En segundo lugar, intenta mantenerte alejado/a de las comedias románticas y de cualquier medio que te haga sentir triste por estar soltero/a, o que te diga, por ejemplo, que necesitas una pareja para ser feliz en la vida. En su lugar, intenta ver el contenido de otras personas solteras y ve los medios que refuercen una perspectiva positiva de la soltería.

Los medios que miras realmente afectan a cómo piensas y sientes, por lo que esto es algo fácil y muy importante que hacer para mejorar tu salud mental y cambiar tus pensamientos. Cada vez que omites algo, es bueno reemplazarlo con otra cosa.

Así que, antes de renunciar a esas comedias románticas que solías ver para entretenerte después de un día pesado, encuentra un comediante que te guste o un canal de YouTube de vídeos divertidos de animales que te hagan reír. Sugerencias extrañas, pero tienes la idea.

Piensa en por qué veías todos esos medios centrados en el romance y reemplaza sus funciones por medios enfocados a otros temas que harán por ti lo que hacían los medios antiguos.

Antes de seguir adelante, desafíate a vivir un día completo sin mirar nada que tenga que ver con el amor. Es fácil hacer esto en un día en el que ya estás ocupado/a y no verías la televisión, pero inténtalo de nuevo en un día en el que solo estás pasando el rato por la casa y normalmente ves una película o lees un libro que perpetúa ese mensaje de que necesitas estar en una relación para ser feliz.

En los vacíos dejados por los medios de comunicación en sus hábitos diarios, intenta hacer algo activo o un pasatiempo práctico que disfrutes, como cocinar o hacer manualidades. ¡Pruébalo un día y mira cómo te sientes!

(Bien, ¿verdad?) Mientras estás trabajando para no alimentar la mentalidad de la relación = felicidad, también es importante cambiar la forma en que piensas sobre ti mismo/a.

Tu autoestima puede recibir un gran golpe justo después de una ruptura o después de una larga búsqueda de la persona adecuada con resultados menos que ideales. ¡Eso es completamente normal! Entonces, ¿cómo dejas de sentirte mal por no encontrar a alguien? Cambia la forma en que piensas sobre ti mismo/a.

Eso no significa ignorar los hechos y los consejos de aquellos que te conocen bien, pero si te preocupa que estés haciendo algo mal que te está haciendo estar soltero/a, intenta poner de lado esos miedos hablando con alguien en quien confías o reemplazando esos pensamientos por otra cosa.

Cambiar la forma en que piensas de ti mismo/a afectará a muchas áreas de tu vida. Te sorprenderá la cantidad de cambios generales que verás después de unas semanas con tu nueva mentalidad. La autoconversación es una gran parte de cambiar la forma en que piensas sobre ti, las palabras de afirmación, ya sean dichas en voz alta o escritas, son una gran herramienta para ayudarte a centrarte y empezar a cambiar tu cerebro para pensar bien de ti, sin importar las circunstancias.

Haz de esto un hábito diario.

Haz una lista de cosas positivas que crees que son ciertas sobre ti, mezcla algunas cosas que quieres que sean verdad y en las que estás trabajando, y expresa todo en términos de "soy" o una frase positiva similar. Algunos ejemplos son:

- "Estoy sano/a"
- "Estoy feliz"
- "Me siento a gusto con mi cuerpo"
- "Estoy enamorado/a de la vida"
- "Me amo a mí mismo/a"
- "Soy sabio/a"

Puede parecer desalentador tratar de llegar a una lista de afirmaciones, ¡pero no te preocupes! Ya sea que solo empieces con unos pocos o utilices la lista anterior, te llegarán más. Encuentra un momento todos los días para recitarlos o escribirlos y apreciar los que ya son ciertos, usa las afirmaciones como un recordatorio diario para trabajar hacia los pocos que aún no son ciertos.

· · ·

Otro consejo para cambiar tu cerebro es cambiar la forma en que piensas sobre los demás; es decir, citas pasadas y parejas. A veces es tan fácil ser duro/a con otras personas como ser duro/a contigo mismo/a.

Por lo tanto, brinda a las personas que ya no están en tu vida la misma cortesía que te das a ti mismo/a e intenta trabajar para replantear cómo piensas sobre ellos y sus interacciones. Si sigues pensando negativamente sobre alguien o albergando resentimientos hacia esa persona, a la larga solo te hará daño.

Esta parte puede ser difícil de leer, pero es una advertencia necesaria: cuando se decide estar soltero/a por un tiempo, es fácil caer en el hábito de estar en contra de las citas y ser negativo hacia ellas, las relaciones y tus parejas anteriores. Al grado de ser perjudicial para su salud mental. El hecho de que no quieras tener una cita no significa necesariamente que haya algo malo con todas las personas con las que saliste en el pasado, pero poner las cosas en negativo parece hacer que sea más fácil darse por vencido/a.

Solo recuerda, aferrarte a la negatividad solo te está lastimando y evitando que seas feliz como una sola persona. Ahora, cambiar la forma en que piensas sobre tus ex se ve muy diferente cuando estás saliendo de una ruptura. Probablemente te sea más difícil cambiar tus pensamientos hacia ellos por los resentimientos recientes.

Por lo tanto, se paciente y comprende que los sentimientos negativos son parte del proceso de curación.

Solo asegúrate de que se desvanezcan con el tiempo y de que no guardes ningún resentimiento innecesario.

Cambiar la forma en que piensas en cualquiera de estos campos requiere tiempo y dedicación. Se necesita auto-conciencia y la voluntad de reflexionar sobre tus pensamientos a lo largo del día. Comprende que el progreso no es lineal y sé paciente contigo mismo/a. Además, identifica cuándo buscar ayuda, habla con un amigo/a o alguien en quien confíes.

Como hemos notado antes, tu salud mental es algo exclusivamente personal y solo tú sabes qué es lo mejor para ella, pero las áreas de las que hemos hablado aquí son excelentes áreas específicas de la soltería para ayudar a garantizar tu felicidad. Y recuerda, sobre todo, eres responsable de tu propia felicidad y comodidad, y nadie puede dártela ni quitártela.

Si has estado soltero/a durante mucho tiempo, ¡probablemente ya seas un/a profesional para adaptarte!

Las primeras semanas después de decidir comprometerte por completo con la soltería serán un poco difíciles. Esa no es una señal para darte por vencido/a y comenzar a dar vueltas tratando de encontrar a alguien. Solo aguanta, las cosas mejorarán.

Pero primero, una advertencia: estas primeras semanas son aquellas en las que es más probable que sientas que te arrepientes de tu decisión. También es más probable que escuches cualquier cosa que te avergüence por estar soltero/a. Este es el momento, más que cualquier otro punto de tu vida como persona soltera, en el que realmente necesitas tomar en serio los consejos de este libro.

Ten cuidado y rodéate solo de personas que te quieran y apoyen tu decisión, cuidado con los mensajes ocultos en los medios de comunicación que utilizas. Y antes de rendirte y volver al grupo de citas, espera unas semanas para asegurarte de que es realmente lo que quieres, y que no lo estás haciendo simplemente porque no has descubierto lo que te hace feliz de estar soltero/a.

Si eres más optimista, esto puede no ser un gran problema. Es posible que ya tengas una lista de cosas que siempre quisiste hacer y para las que no tuviste tiempo antes, ¡y no puedes esperar para hacerlo!

Si ese es el caso, ¡bien por ti! Lo harás bien. Solo asegúrate de no reprimir nada que pueda resurgir más adelante y te haga sentir infeliz en ese momento. ¡Disfruta de la rápida transición a una vida cómoda y feliz como una persona soltera!

Si aún no estás tan avanzado/a en tu viaje, estás entre un mar de personas. La mayoría de nosotros no estamos tan preparados cuando tratamos de descifrar la vida de solteros. Por lo tanto, asegúrate de tener un grupo de apoyo, actividades de comodidad, artículos y alimentos, y permítete sentir como necesitas sentirte., y lamentar la pérdida de la idea de que vas a encontrar pareja en este momento.

Tómate un tiempo para limpiar los registros de relaciones pasadas y/o interacciones románticas de tu teléfono. Haz lo que tengas que hacer para sentir que estás en un lugar donde puedes leer el resto de este libro y ver un hermoso nuevo estilo de vida por ti mismo/a.

Independientemente de lo que hagas para adaptarte, mientras sigues leyendo, mira todos los consejos presentados a través de la lente de "¿esta actividad/pensamiento/perspectiva me ayudará a ser más feliz y cómodo/a?" Si la respuesta es "no" o "no estoy seguro/a", procede con precaución.

Es súper divertido experimentar cómo pasas tu tiempo y cambiar tu forma de pensar es la marca de una persona madura, pero si crees que te hará daño o dificultará tu búsqueda de comodidad y felicidad, entonces no lo hagas, o deja de hacerlo cuando te des cuenta que te está afectando. ¡No dejes que esto te desanime!

Crece a medida que avanzas

Estar recién soltero/a es una gran oportunidad para enfocarte en tu propio desarrollo como persona. Es fácil dejarse en el camino o adquirir algunos malos hábitos de relaciones pasadas y pensar que simplemente no tienes tiempo para romperlos.

Sin embargo, una vez que tengas una cosa menos de qué preocuparte, tendrás un poco más de tiempo para concentrarte en lo que te gustaría trabajar sobre ti, considera tu viaje y lo que te gustaría cambiar de ti mismo/a para que puedas crecer a medida que atraviesas este cambio en tu vida. Existen algunas señales de que podría venirte muy bien un tiempo a solas:

1. Ya nada suena divertido

Uno de los primeros indicadores de que necesitas algo de tiempo para ti, es cuando las cosas simplemente no suenan agradables. Puedes encontrarte quejándote internamente de estar aburrido/a, o postergando proyectos creativos que normalmente hubieras esperado hacer. Es como si tu espíritu necesitara recargarse antes de poder asumir cualquier cosa que implique gastar energía creativa.

2. Te encuentras con ganas de comer TODAS las cosas

Cuando de repente te encuentres anhelando todos los bocadillos de la casa, es un buen recordatorio para verificar contigo mismo/a y ver qué sucede internamente; por lo general, si las personas buscan chatarra o chocolate, es porque buscan un escape a través de sus papilas gustativas. En esos momentos debes reconocer que estás estresado/a y darte un baño caliente, leer un buen libro o distraer tu mente con alguna actividad que te brinde tranquilidad.

3. Te abrumas por pequeñas cosas

Por lo general, las personas son muy hábiles para hacer malabarismos con múltiples responsabilidades mientras mantienen la calma. Sin embargo, a veces se sienten abrumadas por las cosas más pequeñas (hasta podrían llamarse insignificantes).

Cada vez que te des cuenta de que ya no puedes manejar estas cosas y, en cambio, te están deteniendo, es un buen indicador para darte cuenta de que tienes demasiado en tu plato y necesitas tomar un descanso. Por lo general, este es un buen momento para practicar el cuidado personal.

Esto incluye realizar una firme evaluación de la realidad y preguntarte "¿es esta situación realmente el fin del mundo?", averiguar si tus necesidades básicas están cubiertas: ¿estás hambriento/a? ¿Necesitas beber un poco de agua?, identificar aquello que podrías necesitar: ¿te sentirías mejor si te acuestas por unos minutos?, y buscar ayuda. Al quitar algunas de esas pequeñas cosas de tu "plato", puedes recuperar algo de tiempo para relajarte y recargarte adecuadamente.

4.Sentir la necesidad de estar escondido/a.

Si en más de una ocasión has entrado al baño con tu teléfono, no porque tuvieras que ir, sino porque solo querías tener unos momentos de tranquilidad podría ser tu cuerpo diciéndote que realmente necesitas más tiempo a solas.

Todos estos signos son buenos indicadores de que no te estás cuidando como deberías.

Cuando empieces a sentir estas cosas, puedes verificar contigo mismo/a e implementar tus diversas prácticas de autocuidado. Cabe resaltar que, aunque los indicadores pueden variar entre personas, saber cuáles son, y qué funciona mejor para aliviarlos, te ayudará a cuidarte.

Reconocer las cosas que te gustaría cambiar de ti mismo/a y atacar tu personalidad enfocándote solo en las cosas malas sin razón aparente son dos cosas muy diferentes. Cuando estés considerando lo que te gustaría ver cambiar, asegúrate de respaldarlo con una acción que te ayude a ser más amable contigo mismo/a.

· · ·

Todos tenemos cosas que nos gustaría cambiar, y eso está bien. Sé paciente contigo y honesto/a acerca de lo que te gustaría cambiar y cómo puedes cambiarlo, y eso será de gran ayuda. La honestidad es muy importante cuando se trata de cambiarte a ti mismo/a.

Si sientes que quieres un cambio, pero no puedes pensar en qué quieres cambiar (si es que quieres cambiar algo), echa un vistazo más de cerca. Tal vez tu deseo de cambio se deba a algo muy pequeño que te ha estado molestando por un tiempo pero que no te diste cuenta de que era un problema. Tan importante como es la honestidad, la paciencia también es clave.

Comprende que el cambio lleva tiempo e incluso descubrir qué y cómo quieres cambiar también llevará tiempo. Si haces un cambio a toda prisa, es posible que vivas para arrepentirte o que el cambio no se mantenga. El crecimiento personal puede tomar muchas formas y la inspiración junto con la motivación para el crecimiento siempre están a tu alrededor si las buscas.

El crecimiento puede tomar muchas formas, y estarás agradecido/a de haber hecho un cambio ahora mientras la motivación está ahí. Forzar un cambio nunca es ideal, ni promoverá un crecimiento exitoso en lugar de un comportamiento de corta duración. Por lo tanto, sé paciente contigo mismo/a y espera a que se produzca el crecimiento.

¿Cómo se ve crecer sobre la marcha, exactamente? (Todo este lenguaje abstracto es genial, pero ¿cuál es el camino a seguir?) Realiza cambios regulares y prueba cosas nuevas.

Hemos usado crecimiento y cambio indistintamente en este capítulo, pero en realidad son diferentes: el crecimiento es el progreso en la dirección correcta para mejorar, mientras que el cambio puede ser bueno o malo.

Los cambios pueden acelerar el crecimiento y lo hacen si los cambios son saludables para ti. ¡Prueba cosas nuevas! Crece a través de nuevas experiencias, tanto con personas como solo/a, y escucha lo que te dice el mundo.

Algo difícil en ocasiones que te puede impedir ser feliz es haber terminado una relación donde eras feliz, pero no es el fin del mundo. Al principio puede ser complicado, pero también puede ser un nuevo inicio para ti.

. . .

Cómo crecer después de una ruptura es algo que a pocos se nos ocurre en medio del dolor de nuestra separación, sin embargo, con el tiempo podemos obtener una gran lección de este momento. Todo en la vida tiene un final, tarde o temprano se termina. Incluso, a veces sentimos que hay cosas que culminan demasiado temprano, y tal vez el amor es una de ellas.

Los rompimientos amorosos, por lo que significan en términos tanto neuroquímicos, con esa especie de adicción que nos provocan las hormonas, como en términos emocionales y sentimentales, o incluso familiares y sociales, siempre nos pasan una tremenda factura difícil de pagar.

Terminar una relación amorosa duele, pero no debe ser el fin del mundo, aunque lo parezca. Lo ideal es tomarlo como una experiencia enriquecedora que nos conduzca al crecimiento. Ciertamente superar una relación y hacer de ello una lección de crecimiento implica aceptar que la relación se terminó y que nada más nos une a la ex pareja. El ciclo se debe cerrar para no continuar con expectativas irrealizables.

3

Siéntete cómodo/a estando solo/a

No se puede negar; cuando estás soltero/a, pasas más tiempo solo/a. Es hora de sentirte cómodo/a con eso. ¡El tiempo a solas es algo bueno si lo tratas bien! Encontrar consuelo en la soledad tiene mucho que ver con conocerte a ti mismo/a y encontrar el equilibrio.

No tienes que llenar cada minuto libre con actividades o con otras personas, pero tampoco tienes que pasar todo tu tiempo libre solo/a. Equilibrar los dos es algo que necesitará cierta consideración y cambiará a medida que te instales en tu soledad. Tu tipo de personalidad definitivamente también afectará la felicidad y la comodidad en tu tiempo a solas.

· · ·

Para los introvertidos, lo más probable es que realmente disfruten más su soledad. Tomará un tiempo acostumbrarse, pero encontrarán la felicidad en su tiempo a solas mucho más rápido que otros. Cualquier cambio en la rutina requiere algunos ajustes, así que sé paciente contigo mismo/a y te darás cuenta de cuánto más relajado/a y descansado/a te sientes al final de cada día que no dedicas a socializar con posibles parejas porque sientes que tienes que hacerlo.

Ahora, eso no quiere decir que sea recomendable de ninguna manera que pases todo tu tiempo libre solo/a.

Simplemente presta atención a lo cansado/a que te sientes al final de las interacciones sociales con diferentes personas y decide cuándo tienes energía mental y emocional para pasar tiempo con los demás.

Cuando te escuches a ti mismo/a, te sentirás mucho más cómodo/a en tu tiempo a solas porque sabrás que estás haciendo lo correcto para ti. En lugar de cuando normalmente saldrías en citas, haz algo relajante para ti mismo/a, ya sea en la casa, saliendo a algún lugar al que normalmente no vas, o una combinación de ambos.

. . .

Una vez que recuperes el control de tu tiempo y no tengas que reorganizar constantemente tu horario para poder tener citas en un esfuerzo por encontrar o mantener una pareja, tendrás el tiempo y la energía nuevamente para disfrutar de las cosas que solías hacer por ti mismo/a para recargar energía.

Este también es un buen momento para trabajar en esa meta de crecimiento. El hecho de que te consideres intro-vertido/a no significa que debas pasar todo tu tiempo solo/a. Tal vez sea tu preferencia no pasar mucho tiempo con la gente todos los días una vez que hayas terminado con tus responsabilidades diarias, pero también es normal y alentador pasar tiempo con la gente de vez en cuando.

Solo asegúrate de que las personas con las que eliges pasar tu tiempo sean edificantes y, en general, divertidas.

Con suerte, te sentirás mucho menos agotado/a al final de tus interacciones sociales. Y recuerda, la moderación es importante. Pasar de un extremo de cómo pasas tu tiempo a otro no te ayudará a adaptarte a tener tiempo libre.

. . .

Si tus horarios lo permiten, tal vez reserves un tiempo designado para pasar el rato con amigos de vez en cuando para que todos tengan algo que esperar. No es como si tuvieras que planearlo con semanas de anticipación, pero a veces es bueno saber cuándo querrás ahorrar un poco de energía mental para disfrutar realmente de tus interacciones sociales.

Lo mismo ocurre con los extrovertidos, también. Si eres extrovertido/a, encontrar consuelo en tu tiempo a solas será uno de los mayores desafíos de la vida de soltero/a, ¡pero no dejes que eso te detenga! Lo más probable es que te guste tener actividades para hacer cuando tienes un hueco en tu agenda. ¡La buena noticia es que el tiempo a solas puede estar lleno de actividades!

Trata de hacer una lista de tareas o actividades para el tiempo a solas que te ayudarán a sentirte recargado/a y aliviará el hecho de no estar saliendo con alguien.

También puedes llamar a un amigo/a o enviar mensajes a un miembro de la familia de vez en cuando, cuando no estés físicamente con alguien para ayudar a aliviar tu tiempo a solas.

· · ·

E incluso los extrovertidos necesitan un tiempo de inactividad. Después de probar un viernes por la noche en casa, es posible que descubras que realmente te sientes mejor y que no necesitabas salir esa noche para ser feliz. ¡Simplemente no te diste cuenta!

El tiempo a solas es un buen momento para la autoreflexión, usar ropa cómoda y hacer lo que te apetezca sin preocuparte por las necesidades de los demás. Cuando estés pensando en qué hacer con todo tu nuevo tiempo libre, ¡no te olvides de tus amigos y familiares! Para los extrovertidos/as, pasar tiempo de calidad con las personas que conoces y amas puede ser mucho más rejuvenecedor que pasar todo el día con ellas.

Tener un grupo de personas en tu vida con las que te resulta fácil estar cerca y con las que realmente disfrutas pasar el tiempo marcará una gran diferencia en la forma en que piensas. Si has estado leyendo este capítulo y te dices a ti mismo/a: "Nada de esto suena como yo", no te preocupes. En realidad, hay muy pocas personas que encajan perfectamente en "introvertido/a" o "extrovertido/a".

. . .

Dado que todos somos tan únicos, todos tenemos diferentes formas de rejuvenecernos.

Algunas de tus actividades relajantes favoritas serán extrovertidas y otras introvertidas. Es probable que te inclines más hacia un lado, pero no debes limitarte a una forma determinada de ser solo porque quieres encajar.

Si estás entre introvertido/a o entre extrovertido/a, escucharte a ti mismo/a es extremadamente importante.

Habrá algunos días en los que tendrás ganas de pasar tu tiempo libre solo/a, y algunos días en los que realmente quieras salir y pasar tiempo con amigos o familiares. Por supuesto, ten en cuenta el impacto que tus elecciones tienen en los demás cuando se trata de decisiones de último momento o de cancelar planes, pero sigue tus instintos tanto como puedas para encontrar un ritmo que te haga sentir más cómodo/a en tu tiempo solo/a.

Ya sea que te sientas deprimido/a por la cantidad de comentarios en tu última publicación de Instagram, o simplemente tengas la sensación de que nadie más realmente te entiende, lo has experimentado. Sentirse solo/a es, quizás irónicamente, universal.

· · ·

No se trata necesariamente de estar rodeado/a físicamente de personas, porque puedes sentirte especialmente solo/a en una multitud, sino de tu mentalidad.

Cuando te sientes solo/a, generalmente es porque no estás del todo satisfecho/a con lo que tienes, ya sea en ese momento o a lo largo de tu vida. Y hasta que puedas identificar y luego abordar lo que te insatisfecha, te sentirás aislado/a, excluido/a y necesitado/a de compañía.

Lo bueno: sentirte solo/a no es necesariamente algo malo. Es un recordatorio de que algo anda mal en tu entorno social y que debes priorizar tu felicidad. Sin embargo, lo más probable es que no estés demasiado agradecido/a por la soledad mientras la experimentas.

De hecho, el sentimiento te hace más propenso a interpretar la realidad negativamente, lo que puede provocar una tonelada de autodesprecio y autocrítica. ¿La clave para cambiar tu estado de ánimo? Es más fácil decirlo que hacerlo, ¿verdad? Aquí hay unas ideas que puedes comenzar a hacer:

. . .

1. Admite que te sientes solo/a

Al igual que con muchas cosas, el primer paso para seguir adelante es ser realista acerca de lo que está pasando. La mayoría de las personas tratan de negar que se sienten solas o asumen que simplemente deben estar ansiosas o deprimidas, ¿por qué?

Muchas personas se avergüenzan de admitir que se sienten solas porque asocian la experiencia con el aislamiento social y la falta de identidad. Pero negarse a aceptar su soledad significa posponer tu oportunidad de hacer algo al respecto.

2. Recuérdate a ti mismo/a que no eres solo tú

Ahora, esto no significa que necesariamente debas inclinarte hacia la soledad simplemente porque otros también están lidiando con ella. Es una gran oportunidad para recordar que, como cualquier otra persona, tienes el poder de salir de esta situación.

3. Sé realista

Aunque hay cosas que puedes hacer para ayudarte a sentirte menos solo/a, no todas son infalibles. Las personas no querrán hacer conexiones contigo, estarán demasiado ocupadas o terminarás sintiéndote solo/a.

Esos momentos serán duros, pero la clave es perseverar de todos modos. No querrás hacerlo en ese momento, pero si te dispones a enfrentar tu soledad sabiendo que es un juego de ganar o perder alguna vez, no te rendirás tan rápido.

4. No niegues ni te distancies

Debido a todos los sentimientos vergonzosos y auto-críticos que acompañan a la soledad, una reacción común es engañarte a ti mismo/a pensando que en realidad no necesitas a nadie, que las cosas son mejores así y que te irá bien por tu cuenta. Y podrías llegar a creer ferviente-mente eso por un tiempo.

Sin embargo, en el futuro, esta respuesta será dañina para tu salud mental y física. Las personas necesitan personas, y todos necesitan sentirse amados. Entonces, tan pronto como puedas ponerle una etiqueta a tu soledad, es hora de intentar hacer algo al respecto.

5. Escribe recuerdos positivos

Este es uno de esos consejos que seguramente te han dado antes, pero nunca te has comprometido a hacerlo.

Ahora es el momento de darle una oportunidad real. Solo dedicar 15 minutos por día a anotar los momentos especiales que has compartido con amigos y familiares puede ser suficiente para superar los sentimientos negativos.

¿No tienes 15 minutos? Todavía puedes atesorar tus recuerdos más especiales con un diario.

El proceso te recordará que no estás solo/a, y los recuerdos seguramente mejorarán tu estado de ánimo.

6. Sonríe

Sonreírte en el espejo es algo inusual. Por eso, es recomendable cerrar los ojos y pensar en la última vez que hiciste sonreír o reír a alguien y dejar que tu cuerpo haga el resto. ¿Se sentirá extraño? Sí. Pero, ¿ayudará?

También.

. . .

El simple hecho de pensar en un momento en el que te sentías feliz automáticamente traerá una sonrisa a tu rostro, un movimiento que activará todos esos neurotransmisores que te hacen sentir bien en tu cerebro y te engañará para que te sientas más feliz de lo que eras unos segundos antes. Una vez que te sientas un poco mejor, aférrate a ese sentimiento apoyándote en algo que te haga sentir realmente bien, como abrir tu libro favorito o salir a correr.

7. Toma nota de todas las cosas por las que estás agradecido/a

Cuando te sientas solo/a, te sumergirás en tus pensamientos, generalmente los más molestos, pero, como dicen, "la gratitud convierte lo que tenemos en suficiente". Para salir de ese estado mental, escribe algunas cosas por las que estás agradecido/a (piensa: tu trabajo, un techo sobre tu cabeza y una familia que te apoye). Hacer esto cambiará tus pensamientos sobre ti y tu depresión, a aquellos sobre otras personas que te importan y factores positivos en tu vida.

8. Intenta hacer voluntariado

Para asegurarte de que estás dejando que la soledad te lleve hacia lo correcto, considera inscribirte como voluntario/a. Dedicar un día a trabajar con personas mayores o preparar comidas en un comedor social cumplirá tu deseo de sentirte necesitado/a y te alejará del egocentrismo que provoca la soledad. Además, el tiempo que dediques a conocer a las personas a las que atiendes, te traerá algo de la intimidad y la conexión que has estado anhelando.

9. Consigue una mascota o pasa tiempo con la de otra persona

Esto es genial por un montón de razones.

Pero cuando se trata de la soledad, interactuar con animales tiene el poder de liberar dopamina en el cerebro, lo cual es una gran ayuda ya que el químico está asociado con el placer y las recompensas. Más que eso, pasear a tu perro o llevar a tu gato al veterinario para un chequeo es una oportunidad para iniciar conversaciones con otros dueños de mascotas y tal vez incluso hacer un nuevo amigo/a.

10. Únete a un club o toma una clase

Puede que te haga sentir incómodo/a al principio, pero también puede valer la pena. Inscríbete en una clase de cerámica o en un club para amantes de los documentales sobre crímenes reales, por ejemplo. Oh, ¿el club que quieres no existe? Empieza uno. Interactuar con personas con las que compartes un interés común brinda una mejor oportunidad de formar conexiones significativas, que generalmente es lo que las personas solitarias se pierden de la vida.

11.Haz un horario para ti y apégate a él

Sí, probablemente ya te hayas levantado, trabajado, comido y hecho ejercicio, pero tal vez tu vida necesite un poco más de estructura. Los sentimientos de soledad a menudo parecen durar para siempre y no hay nada que puedas hacer para escapar de la nube oscura que se cierne sobre tu cabeza, pero eso no es cierto.

Puede ser difícil recordar que la soledad suele ser temporal, por lo que se recomienda un horario estricto.

Por lo tanto, configura unas alarmas para un tiempo de meditación matutina, una llamada telefónica con tu hermana y una máscara facial por la noche. Planificar esto con anticipación también te inculcará una sensación de control. Una vez que hayas creado un horario, apégate a él lo más que puedas. A veces será difícil, pero mientras lo tomes un día a la vez, la rutina estructurada se sentirá cada vez más natural.

. . .

12. Sal a caminar

Hacer que tu cuerpo se mueva, te da la oportunidad de despejar tu mente e incluso te ofrece la oportunidad de encontrarte con un vecino para conversar rápidamente. Incluso si no interactúas con nadie, los estudios muestran que las caminatas tienen efectos significativos en el estado de ánimo.

Solo unos minutos al aire libre pueden evitar que tu estado de ánimo empeore y pueden ayudar a combatir los sentimientos de temor que provoca la soledad.

13. Toma tu teléfono

Llama a alguien que amas y que se preocupa por ti.

En lugar de intercambiar el mismo cómo estás y el clima, escucha activamente y realmente interactúa con la persona en la otra línea. Cuando mencionen algo sobre sus vidas, pregúntales la historia de fondo y déjalos hablar.

14. Habla con un profesional de la salud mental

Un psicólogo no podrá sacarte de tu soledad, solo tú puedes hacer eso, pero pueden ayudarte a aceptar la situación. Te recordarán cuánto poder tienes para salir adelante de esto al ayudarte a identificar qué en tu vida podría estar fuera de lugar y contribuir a tu soledad. Una vez que aísles la causa, un terapeuta te ayudará a elaborar un plan de juego para abordarlo.

15. Toma un riesgo social

Si te sientes solo/a porque no crees que ninguna de tus relaciones sea sustancial, ahora tienes la oportunidad de hacer algo al respecto. Sí, es posible que te rechacen, pero al final encontrarás a alguien o incluso a toda una tribu que te entienda.

Comienza en algún lugar donde te sientas cómodo/a.

Toma tu clase de entrenamiento, por ejemplo: Acércate a la persona con la que chocas los cinco después de cada segmento o te das cuenta cuando falta a una clase.

Entabla una conversación lo mejor que puedas y es posible que te lleves bien. (¡Sí, nuevos amigos!) ¿Atrapado/a en casa? Intenta comunicarte con un/a viejo/a amigo/a para ver qué hay de nuevo con ellos/as.

16. Pasa de ser solitario/a, a estar solo/a

Si bien pueden sonar igual, estar solo/a es diferente porque es una elección. Puedes dejar que tu soledad te consuma (seamos realistas, a veces no puedes evitarlo), o puedes convertir tu soledad en tiempo que pasas a solas haciendo algo que es significativo para ti.

Tal vez expreses cómo te sientes pintando, escribiendo un cuento, armando un rompecabezas, aprendiendo una rutina de baile o grabando una versión de esa canción que no puedes quitarte de la cabeza. Dado que la soledad puede quedarse por un tiempo, es útil tener una salida.

17. No te ocupes

Mucha gente trata de huir de la soledad. Se ocupan con cosas innecesarias como un segundo trabajo u horas extra en el trabajo cuando no necesiten el dinero como una forma de sofocar la soledad. Ese no es el movimiento correcto. Puede ayudarte a olvidar que te sientes solo/a por un momento, pero al final solo terminarás sintiéndote peor.

. . .

La clave es reducir la velocidad un poco y concentrarte en algo que realmente amas o algo que siempre quisiste hacer, pero nunca hiciste porque apegarse a lo mundano no ayudará mucho.

Formas de sentirte mejor contigo mismo/a

Es muy importante que inviertas tiempo en ti, es algo que la mayoría de las personas no hace constantemente, pues deciden siempre enfocarse en las demás personas antes que en uno mismo/a. Pero al hacerlo te darás cuenta de cómo puedes ser feliz tú solo/a, sin necesidad de tener una pareja. Con el simple hecho de compartir algunos momentos con tus amigos o tu familia es suficiente.

Algunas personas piensan que estar solo/a significa que eres un recluso/a, impopular o raro. Pero a veces, estar solo/a es bueno para ti, ya que abrazar tu soledad tiene muchos beneficios positivos, por ejemplo, tienes la oportunidad de descomprimir y recargar tus baterías físicas, mentales y emocionales.

También tienes tiempo para nutrir y expresar tu lado creativo, aprendes a sentirte cómodo/a y feliz en tu propia piel, puedes hacer cosas que realmente disfrutas en lugar de seguir a la multitud, puedes reconectar con tus emociones más profundas y volverte más consciente de ti mismo/a; además, te vuelves más independiente y autosuficiente.

Si no has pasado mucho tiempo a solas en el pasado, es posible que no sepas cómo divertirte solo/a o cómo encontrar cosas que hacer solo/a que te brindan alegría. Seguro te preguntaras cómo puedes disfrutar haciendo cosas solo/a, pues por muy gratificante que pueda ser, lograrlo no siempre es fácil.

El mero hecho de pensar en ello puede hacerte sentir ansioso/a o incómodo/a, especialmente si se trata de un lugar nuevo o algo con lo que no estás familiarizado/a.

¿Qué pasa si algo sale mal? ¿Qué pasa si te pierdes? ¿Qué pensarán los demás? ¿Qué pasa si lo odias o te sientes raro/a todo el tiempo? Respirar. Relajarte. Y seguir leyendo.

En lugar de posponer lo que quieres hacer porque no hay nadie disponible para hacerlo, hazlo tú mismo/a de todos modos con algunos consejos en mente:

. . .

Recuerda que no es raro pasar tiempo a solas, empieza con algo pequeño, confía en tus habilidades para liderar tu camino, mantén apertura ante lo que pase, muévete a tu propio ritmo y elige algo que te emocione.

Puedes, por ejemplo, ir a un mercado de agricultores.

Disfruta de un paseo tranquilo por el mercado, toma un ramo de flores frescas y encuentra algunos productos nuevos con los que nunca antes has cocinado.

O, también, escribe una canción. Escribe tu propia canción sobre tu vida o tus emociones y, si te gusta la música, crea la música que vaya con la letra. Practica cantarla hasta que te sientas seguro/a de compartirla con los demás.

Puedes echar un vistazo a un pueblo cercano y tomar unas mini vacaciones por el día en una ciudad cercana que aún no hayas explorado. Disfruta de un almuerzo y ve a sitios y tiendas populares para obtener más información sobre este nuevo lugar. Es posible que desees volver a visitar más tarde con tus amigos.

. . .

Tómate tu tiempo para pasear por tu tienda favorita a tu propio ritmo.

No tienes que buscar nada en particular, solo otórgate el tiempo para mirar a tu alrededor en los dulces de venta al por menor y hacer una lista de deseos.

Tienes también la posibilidad de encontrar música nueva.

Hay innumerables servicios de transmisión de música en línea disponibles que pueden ayudarte a encontrar música que se adapte a tus gustos. Simplemente escribe el nombre de un músico que te guste y encuentra una estación personalizada de artistas similares, lo que casi garantiza que descubrirás algo nuevo que te gustará.

O, si tienes ganas de una actividad nostálgica, realiza una cápsula del tiempo. Toma una caja y algunos artículos que creas que representan tu vida actual: pueden ser diarios, fotos, talones de boletos, artículos de noticias o una carta escrita a ti mismo/a. Esta es una forma creativa de reflexionar sobre quién eres ahora y tus esperanzas para el futuro. Tu futuro/a "yo" disfrutará al abrirlo.

· · ·

De igual manera, viajar solo/a puede parecer un gran paso si estás acostumbrado a un/a compañero/a de viaje.

Pero piensa en hacer turismo en lugares que te interesen y que quizás no visites con tus amigos.

Considera la libertad de no tener que adaptarte a las necesidades o prioridades de otra persona en tu itinerario.

El tiempo a solas te permite además aprender una nueva habilidad.

Si te estás aburriendo de tus viejos pasatiempos habituales, enséñate algo nuevo. No necesitas ninguna experiencia o talento; de hecho, ese es el punto. ¿Alguna vez has escrito poesía, aprendido un nuevo idioma o tocado la guitarra? Prueba algunas habilidades nuevas y ve cuál disfrutas más.

Otra opción divertida es salir a correr. Corre a tu propio ritmo, quema algo de estrés y detente cuando te apetezca.

Este es un buen momento para reflexionar, intercambiar ideas y superar los desafíos.

. . .

O, también, leer un libro en el parque. Elige un lugar cómodo al aire libre para disfrutar de ese libro que deseas leer. Tal vez sea un libro de autoayuda o una novela romántica cursi que no quieras exhibir en la mesa de tu sala. Relájate y observa a la gente de vez en cuando.

Tener tiempo a solas es también una buena oportunidad para comenzar un jardín.

Ya sean flores, verduras o simplemente hierbas, mantener un jardín es divertido y gratificante.

Una vez que crece, cuidar tu jardín también puede ser un esfuerzo único y relajante.

Estar al aire libre es una forma efectiva de recargar energías, relajarse y sentir la paz y la tranquilidad que lo rodea. Explorar la naturaleza puede ser tan fácil como dar paseos por la naturaleza en un parque local o hacer una larga caminata en un bosque nacional.

Como ya vimos, si tienes un gato o un perro, pasar tiempo a solas con él es la oportunidad perfecta para establecer vínculos. Los estudios demuestran que este vínculo con tu mascota puede reducir el estrés, mejorar el estado físico y hacer que se sienta menos solo/a. Si no tienes una mascota, ofrécete a cuidar la mascota de un amigo/a durante el día. Las mascotas pueden brindarte una sensación de alegría que puede sorprenderte.

Otra opción es explorar en bicicleta tu ciudad o los senderos para bicicletas locales mientras haces algo de ejercicio. Lleva refrigerios, un buen libro y disfruta de un día completo. Y si es una noche despejada, sal y mira hacia las estrellas. Trata de elegir algunas constelaciones y pon atención a encontrar una estrella fugaz.

Incluso puedes usar una aplicación de teléfono para aprenderte los nombres de las estrellas que estás viendo.

El fin de semana, por ejemplo, puedes buscar el auto de tus sueños para una prueba de manejo; el vendedor no tiene que saber qué tan serio/a eres cuando dices que "solo estás mirando". O arma un rompecabezas gigante: esto podría tomar varios fines de semana, pero la satisfacción que sentirás una vez que esté completo valdrá la pena. Hacer un rompecabezas por ti mismo/a mejorará tu atención y concentración.

. . .

Puedes comenzar a escribir sobre algo que te interese, que te ayude o apoye a otras personas. Si lo haces en un blog, será tu propia zona de la web para expresarte como quieras. O aprovecha para ir a un museo: lo bueno de hacer esto solo/a es que puedes saltarte las partes que no te interesan y pasar todo el tiempo que quieras en las áreas que sí.

Puedes planear también una comida elegante. Pide lo que quieras, come tanto como quieras y disfruta viendo a los demás comensales en el restaurante. Resiste a la tentación de revisar tu teléfono o reloj inteligente y tómate el tiempo que necesites mientras comes y saboreas la deliciosa comida.

O, sencillamente, ve a ver la película que quieras ver.

No tienes que esperar a ver esa película extranjera que a nadie más le interesa, puedes irte sin sentir ningún juicio ni dar explicaciones. Disfruta de tu película, dejando atrás cualquier preocupación de que tu elección pueda aburrir a otra persona.

. . .

Una de las mejores cosas que puedes hacer solo/a es hacer una lluvia de ideas sobre algunos objetivos a largo plazo y dividirlos en objetivos a corto plazo. Date algo que esperar y planifica lo que harás al día siguiente para acercarte a una de tus metas.

También es opción darte un capricho con un tratamiento de spa nocturno. Si no tienes planes en la noche, es el mejor momento para disfrutar de algunos de esos tratamientos de spa en el hogar que han estado guardados en el armario de tu baño. Prueba algunos tratamientos faciales o hazte una manicura. Apaga tu teléfono y pon música relajante.

Regálate una aventura que anheles, planificando un viaje por carretera para el fin de semana (o el próximo). Planifica tus paradas, qué harás allí y dónde dormirás.

Decide lo que llevarás para comida y bebida, y consulta el pronóstico del tiempo.

Otra idea divertida es crear un borrador de una historia en la que podrías ser el personaje principal, el antagonista o un personaje secundario que narra todo.

. . .

Diviértete y deja que las palabras fluyan a medida que la historia se desarrolla en tu mente. Si terminas y quieres seguir escribiendo, escribe un diario de voz para uno de tus personajes.

Puedes escribir sobre literalmente cualquier cosa. Haz una lista de gratitud, escribe una carta inspiradora para tu futuro/a yo, encuentra algunos avisos de diarios en línea, practica la autoreflexión, escribe una historia corta… Las posibilidades de esta salida creativa son infinitas.

Si estás aprendiendo un nuevo idioma o necesitas repasar uno, dedica un tiempo a practicar en una aplicación como DuoLingo o Babbel. Practica el hablar y encuentra algo de música en ese idioma para escuchar.

Una de las cosas más divertidas que puedes hacer solo/a por la noche es disfrutar de tus canciones favoritas y bailar con ellas.

Si eres demasiado cohibido/a para bailar en público, este es el momento de soltarte y descubrir tus movimientos, o probar algunos nuevos. Las bebidas son opcionales.

. . .

O simplemente, aprovecha para descansar, ¿cuánto tiempo te das para descansar después de una larga semana? Pasa el fin de semana durmiendo y relajándote de manera que, de otro modo, no tendrías la oportunidad de hacerlo normalmente.

Tal vez la idea de estar solo/a en público es demasiado para soportar o simplemente no es lo tuyo (todavía). ¡No te preocupes! Comienza poco a poco y prueba una actividad individual en el hogar para acostumbrarte a la idea.

Hornea algo delicioso, ¡o varias cosas deliciosas! Satisface tu gusto por lo dulce con algunos postres indulgentes, o mantenlo en el lado más saludable con versiones más ligeras. De cualquier manera, toma algunas de tus recetas favoritas, compra todos los ingredientes y hornea con tu corazón.

Y dado que compartir es cuidar, puedes llevar algunas golosinas a tus vecinos o amigos para evitar consumir las calorías de una semana de una sola vez.

Por otro lado, la meditación regular ofrece una tonelada de beneficios para la salud mental, emocional y física. Si aún no meditas, considera intentarlo. Aprende sobre los diferentes tipos de meditación: trascendental, espiritual, bondad amorosa, progresiva, atención plena, zen o incluso yoga kundalini, por nombrar algunos, y comienza una rutina de meditación.

Puedes aprovechar y preparar alimentos saludables para la próxima semana. Uno de los mayores motivadores para comer saludablemente es tener alimentos saludables a la mano y de fácil acceso, así que abastecete de tus favoritos y prepáralos todos a la vez.

Lava y divide en porciones tus frutas y verduras. Prepara suficientes ensaladas para el almuerzo de la semana o prepara una gran tanda de sopa para las sobras durante unos días. Posteriormente, otra buena oportunidad es aprovechar el tiempo para limpiar y organizar. No es necesario que sea primavera para realizar una limpieza y organización intensivas.

Tal vez tu armario está repleto de ropa y zapatos que no has usado en años o las telarañas que cuelgan de tus paredes comienzan a hacer que parezca Halloween durante todo el año. No te juzgues por ello.

. . .

Simplemente despeja las cosas, ordena tu espacio y cosecha la gratificante sensación de un hogar ordenado.

Una buena oportunidad para aprovechar tu tiempo es crear tu lista de deseos. Todo el mundo tiene cosas que quiere lograr o experimentar en su vida y puede ser enormemente benéfico que incluyas cosas que alteran la vida o metas menos significativas, lo que te apetezca. Haz una lista de deseos de las cosas que quieres hacer sin preocuparte por la probabilidad de que sucedan.

Y también, mímate. Crea un día de spa en casa con un relajante baño en la bañera, una lujosa manicura/pedicura y un nuevo cambio de imagen. O, por ejemplo, jugar un juego en solitario es una forma divertida de pasar el tiempo, ya sea en una consola de juegos o con una baraja de cartas. Realmente hay un videojuego para casi todos, desde deportes hasta aventuras y fantasía (¡y mucho más!).

O domina un nuevo juego de solitario/a.

Además, pregúntate, ¿gastas demasiado dinero en cosas que no necesitas? Realiza un seguimiento de tus gastos y crea un presupuesto para obtener y mantener tus finanzas donde deben estar.

. . .

Podrías aprovechar un ingreso extra que resulte de esta actividad en renovar. No necesitas gastar una fortuna para arreglar tu casa, o incluso solo una pequeña parte de ella: reorganiza tus muebles o imprime un montón de imágenes y crea una galería de pared.

Puedes incluso iniciar un proyecto de mejoras para el hogar. Los proyectos de bricolaje están de moda, y no hay razón por la que debas de perderte la gratificante experiencia de reutilizar un hallazgo del mercado de pulgas, pintar tu habitación o remodelar tu baño. ¿No es tan útil?

No hay problema. Internet está repleto de consejos y trucos para ayudarte a completar tu proyecto.

Practica el arte de la seducción… ¡contigo! No necesitas una pareja para sentirte bien.

Ya sea que estés soltero/a, en una relación comprometida o en cualquier punto intermedio, no hay nada de malo en tomarse el tiempo para darse placer. Hazlo especial encendiendo velas, tocando música y usando algo sexy.

. . .

O aprovecha tu tiempo para aprender y toma una clase en línea.

El aprendizaje en línea se ha disparado en los últimos años, ahora puedes aprender casi cualquier cosa sin siquiera salir de tu casa.

Elige algo simplemente por diversión o encuentra algo que beneficie tu salud, carrera o crecimiento personal.

Todas estas actividades, además de los consejos para tu desarrollo personal, te ayudarán a sentirte cómodo/a y pleno/a con tu propia compañía.

4

67...

El aspecto clínico de la soledad

LA SOLEDAD ES una emoción humana universal que es a la vez compleja y única para cada individuo. Debido a que no tiene una sola causa común, la prevención y el tratamiento de este estado mental potencialmente dañino pueden variar drásticamente.

Si bien las investigaciones muestran claramente que la soledad y el aislamiento son malos tanto para la salud mental como para la física, estar solo no es lo mismo que sentirse solo. De hecho, la soledad en realidad tiene una serie de importantes beneficios para la salud mental, que incluyen permitir que las personas se concentren y recarguen mejor.

· · ·

Más adelante se abordará de lleno este concepto de estar solo y sus diferencias con el aislamiento o el sentimiento de soledad, pero por ahora, los podemos diferenciar así:

- La soledad está marcada por sentimientos de aislamiento a pesar de querer conexiones sociales. A menudo se percibe como una separación, rechazo o abandono involuntario por parte de otras personas.
- "Estar" solo/a, en cambio, es voluntario. Las personas que disfrutan pasar tiempo solas continúan manteniendo relaciones sociales positivas a las que pueden regresar cuando anhelan conectarse. Todavía pasan tiempo con otros, pero estas interacciones se equilibran con períodos de tiempo a solas.

Entonces, ¿qué causa la soledad? Las causas más comunes de la soledad son las relaciones, las circunstancias y los problemas personales. Los cambios en las relaciones son una causa común de soledad. Por ejemplo, podrías estar lidiando con un divorcio o una relación tóxica. Esto te hace sentir solo/a, incluso si ves a la persona todos los días.

Las circunstancias personales, por su parte, pueden hacer que te sientas solo/a.

. . .

Tal vez no tengas suficiente dinero para participar en actividades sociales, o te acabas de mudar a un nuevo lugar donde aún no conoces a nadie.

Los problemas personales se refieren a que te resulta difícil llevarte bien con otras personas, incluso con las personas que ves todo el tiempo. Esto hará que te sientas solo/a porque no estás formando las conexiones adecuadas.

Así, la soledad tiene un gran impacto en tu vida diaria.

Las áreas que más comúnmente afecta son las interacciones sociales, la calidad de vida y la salud. Te sentirás solo/a si no interactúas con suficientes personas, lo que hará que te retires, participes menos y, por tanto, te sientas más solo durante más tiempo. Trata de establecer nuevas conexiones comenzando poco a poco. Toma un café con un buen amigo/a o llámalo/a para conversar.

Es muy difícil ser feliz cuando estás solo/a. Te sentirás vacío/a y con una variedad de otras emociones negativas que afectarán tu calidad de vida, porque eres una criatura social que necesita estar rodeada de otras personas.

Y así, la soledad afecta tu salud. Tiene un impacto negativo en tu sistema inmunológico y aumenta el riesgo de adquirir enfermedades. Trata de asegurarte de hacer suficiente ejercicio, comer de manera saludable y no consumir demasiado alcohol u otras sustancias adictivas.

Profundizando sobre el tema de la salud, es importante mencionar que permanecer sumergido/a en cualquiera de las dos puede traer efectos dañinos a tu salud como el abuso de alcohol y drogas, una función cerebral alterada, progresión de la enfermedad de Alzheimer, comportamiento antisocial, etc.

Estas no son las únicas áreas en las que la soledad pasa factura. Por ejemplo, los adultos solitarios hacen menos ejercicio que aquellos que no lo están. Su dieta es más rica en grasas, su sueño es menos eficiente y reportan más fatiga durante el día. La soledad también interrumpe la regulación de los procesos celulares en lo profundo del cuerpo, lo que predispone a las personas solitarias al envejecimiento prematuro.

· · ·

Estudios sugieren que la soledad en realidad puede ser contagiosa.

Las investigaciones han encontrado que las personas que no son solitarias y que pasan tiempo con personas solitarias tienen más probabilidades de desarrollar sentimientos de soledad. También pueden existir conflictos con el hecho de sentirte solo/a.

No es de extrañar que la soledad duela. Un estudio de imágenes cerebrales mostró que sentirse condenado al ostracismo o abandono en realidad activa nuestra matriz de dolor neural. De hecho, varios estudios muestran que condenar al ostracismo a otros nos duele tanto como ser condenados al ostracismo a nosotros mismos. Podemos hipotetizar que, de manera similar, la soledad se asocia con la matriz del dolor.

Desde una perspectiva filosófica, todos estamos fundamentalmente solos/as. Venimos solos/as al mundo y lo dejamos solo/as. Todos somos entidades independientes con pensamientos, sentimientos y emociones que nadie más puede comprender o experimentar por completo, sin importar cuán numerosos sean nuestros amigos.

.   .   .

Por otro lado, siempre estamos completamente interconectados sin importar cuán pocos sean nuestros amigos.

Estamos conectados con millones de personas en todo el mundo a través de la intrincada red de relaciones económicas y sociales que traen comida a nuestra mesa y ropa a nuestros cuerpos.

Estamos literalmente conectados con todos los demás seres humanos que comparten esta misma ecosfera con nosotros simplemente por el aire que respiramos. Estamos en contacto con todas las demás personas y animales del planeta por el suelo que pisamos. Ambos estamos solos y profundamente conectados.

Cuando el dolor de la soledad se apodera de ti, aquí hay algunas herramientas que pueden ayudarte a desarrollar la resiliencia.

1. Conecta contigo mismo/a al 100%

La mayoría de nosotros hemos aprendido a distraernos en el mismo momento en que sentimos que surge una emoción incómoda como la soledad. Podemos involucrarnos en formas de distracción "saludables", como leer, hacer ejercicio o trabajar, o en formas de distracción "no saludables", como comer en exceso, beber o mirar televisión durante horas.

Si bien estas opciones pueden proporcionar un alivio temporal, a menudo conducen a otros problemas, como aumento de peso en caso de comer o beber en exceso, agotamiento en caso de exceso de ejercicio o trabajo, e incluso adicción.

Los niños, por el contrario, suelen dar rienda suelta a sus emociones. Aunque esto puede parecer inmaduro para los adultos, los niños también superan las emociones negativas extremadamente rápido y pueden pasar a lo siguiente como si nada hubiera pasado. Los adultos, en un intento por enterrar y controlar sus emociones, suelen llevarlas consigo durante años. Permitir que surja la emoción y prestarle toda nuestra atención puede ser la clave para dejarla ir.

Existen tres ejercicios principales que te permiten abrazar la soledad, el principal es darle a la emoción una expresión completa. Esto quiere decir, dejar que la emoción tome el centro del escenario.

Especialmente si tienes la costumbre de distraerte de tus sentimientos, este ejercicio puede resultar incómodo, pero si te permites sentir la emoción al 100%, es posible que se mueva a través de ti más rápidamente: observa las sensaciones de la emoción, observa los pensamientos que desencadena, llora si llegan las lágrimas. Entrégate a la incomodidad por completo.

El segundo ejercicio es entrar en silencio. El silencio puede ser difícil e incluso aterrador para algunas personas. Estamos acostumbrados a los televisores con ruido de fondo, las radios de los automóviles tintineando, los iPods sonando, los mensajes de texto sonando, los teléfonos celulares sonando, las notificaciones de Facebook suenan, los tweets se tuitean y la descarga de correos electrónicos.

Fíjate un límite de tiempo para el silencio, como media hora. Si lo deseas, puedes dar un paseo durante ese tiempo o participar en una forma relajada de ejercicio como nadar. Te aseguras de que la actividad no se convierta en una distracción. Elige hacer algo que simplemente te permita estar en silencio y trata de estar tan presente como puedas con todo lo que le rodea y lo que está dentro de ti.

El último ejercicio se trata de participar en la meditación consciente. Ya no se considera una actividad exótica, esotérica o mística; la meditación se ha convertido en una corriente principal. Aunque la meditación es muy simple, también puede requerir un gran coraje.

Simplemente fíjate de las sensaciones, pensamientos y emociones que surgen sin tratar de controlarlos o cambiarlos.

Sé paciente. Si las emociones se vuelven incómodas, reúne tu valor, fuerza, tenacidad y paciencia. Márcate un límite de tiempo y no te levantes hasta que se acabe el tiempo. Puedes comenzar con cinco minutos y eventualmente trabajar hasta sentarte durante 20 o 30 minutos a la vez.

2. Cultiva la conexión interna y externa

Las investigaciones muestran que cosechamos los

beneficios para el bienestar psicológico y la salud física de la conexión social no por la cantidad de amigos que tenemos, sino por nuestro sentido interno y subjetivo de conexión hacia los demás.

En otras palabras, podemos tener un solo amigo, o ningún amigo, pero si nos sentimos conectados desde adentro, cosecharemos todos los beneficios de ello. El hallazgo de esta investigación es fortalecedor porque todo lo que comienza desde adentro está en nuestras manos.

3. Cuida tu cuerpo

Como parte de nuestro estilo de vida distraído, a menudo no escuchamos a nuestro cuerpo. Comemos los alimentos equivocados, bebemos, nos quedamos despiertos hasta muy tarde y nos olvidamos de hacer ejercicio o hacemos demasiado ejercicio. También llevamos la falsa idea de que el bienestar de nuestro cuerpo es independiente del de nuestra mente. Este no es el caso.

Como sabe cualquiera que haya iniciado una dieta saludable o un régimen de ejercicio, cuando comenzamos a cuidar nuestro cuerpo, naturalmente nos sentimos mejor y, con un estado mental positivo, toda nuestra perspectiva de la vida cambia. Una de las mejores formas de cuidar nuestra mente es cuidar bien nuestro cuerpo.

4. Servir

Siempre hay alguien que sufre más que nosotros, y esto nos da la oportunidad de acercarnos a los demás con amabilidad y sentido de servicio. No importa cuáles sean nuestras capacidades, siempre podemos contribuir a los demás con tan solo una sonrisa o más.

El servicio es muy simple. Ya sea la persona que trabaja en la caja registradora del supermercado o tu vecino, incluso un pequeño acto de bondad puede alegrarle el día a alguien. Podemos estar al servicio de las personas, los animales o incluso la naturaleza.

Sea lo que sea que te atraiga, tu acto de servicio es un acto de conexión que te ayudará a superar tu soledad. La investigación muestra que la compasión y el servicio pueden ser de gran beneficio. A menudo, cuando nos sentimos deprimidos o solos, nuestra visión y nuestro universo se vuelven muy estrechos. Ayudar a los demás puede cambiar inmediatamente nuestra perspectiva y revitalizarnos, razón por la cual la compasión se ha relacionado con el bienestar.

. . .

5. Conéctate con la naturaleza

Si conectar con la gente es un reto, conéctate con la naturaleza. Un estudio reciente muestra que caminar en la naturaleza puede aumentar nuestro bienestar, incluso en el caso de la depresión, y otro estudio mostró que la exposición a la naturaleza aumenta nuestro sentido de conexión y cercanía e incluso nos hace más cariñosos y dispuestos a compartir con los demás.

Conectarnos con la naturaleza puede ayudar a ampliar esa visión e inspirar una experiencia de asombro ante la vista de un paisaje.

Cultivar el asombro a través de la naturaleza también puede ayudar a ampliar nuestra perspectiva. La investigación sobre el asombro, que a menudo se inspira en hermosos paisajes naturales como un cielo estrellado o un vasto horizonte, sugiere que ralentiza nuestra percepción del tiempo al traernos al momento presente y mejora nuestro bienestar.

6. Enamórate de ti mismo/a

Tememos estar solos, pero estar solo también significa

hacer lo que te plazca. ¡Puedes bailar a tu propio ritmo, comer lo que te apetezca, ver las películas que deseas ver y tomar decisiones que son totalmente tuyas! Estar solos es a menudo el único momento en que podemos descansar de verdad, sin distracciones, sin el estímulo del entorno y otros.

Autofobia, miedo a estar solo/a

La autofobia, o monofobia, te hace sentir extremadamente ansioso/a cuando estás solo/a. Este miedo a estar solo/a puede afectar tus relaciones, tu vida social y tu carrera. También puedes tener miedo al abandono, que se deriva de una experiencia traumática de la infancia. La psicoterapia (terapia de conversación) puede ayudarte a superar el miedo a estar solo/a.

Las personas que tienen autofobia tienen un miedo extremo e irracional a estar solas. Una persona puede experimentar este miedo cuando está sola, e incluso, algunas personas pueden tener autofobia incluso cuando están con otras personas. En este caso, el miedo se centra en la preocupación por el aislamiento. Pueden sentirse solos en una multitud. O puede que les preocupe que la gente los deje o que tengan que irse a casa y estar solos.

. . .

Al miedo a estar solo también se le llama monofobia, eremofobia e isolofobia. Cuando te sientes solo/a, te sientes infeliz o triste por la cantidad o calidad de las conexiones sociales en tu vida; por otro lado, cuando tienes autofobia, te sientes ansioso o asustado/a cuando estás solo/a o cuando piensas en estar solo/a. Te sientes así sin importar cuántos seres queridos y amigos haya en tu vida.

Las fobias son un trastorno de ansiedad común. Hacen que tengas miedo de algo que no es realmente dañino. La autofobia es un trastorno fóbico específico. Con él, tienes miedo de las situaciones en las que estás solo/a.

Es difícil saber exactamente cuántas personas tienen una fobia específica, como la autofobia.

Muchas personas pueden guardarse este miedo para sí mismas o no reconocer que lo tienen. Sin embargo, sabemos que aproximadamente 1 de cada 10 adultos estadounidenses y 1 de cada 5 adolescentes enfrentarán un trastorno de fobia específico en algún momento de sus vidas.

· · ·

La terapia de exposición ayuda con éxito a la mayoría de las personas a superar trastornos fóbicos específicos. Los proveedores de atención médica también pueden usar la terapia cognitiva conductual (TCC).

Estos dos métodos de psicoterapia (terapia de conversación) se centran en técnicas de relajación, como ejercicios de respiración profunda y meditación, para ayudarte a controlar los síntomas, y en examinar la causa raíz del miedo.

Se trata de aprender formas de contrarrestar los pensamientos negativos sobre estar solo/a para que las personas comprendan gradualmente que estar solo/a no da miedo ni es peligroso. Por ejemplo, poco a poco se acostumbra a la persona a estar sola: pueden comenzar con la meta de estar solo/as durante 15 minutos todos los días. Luego, pueden alargar ese tiempo a medida que avanzan las semanas.

Los medicamentos contra la ansiedad o los medicamentos para la presión arterial, como los bloqueadores beta, pueden ayudar temporalmente mientras las personas con esta fobia trabajan para superar el miedo a estar solas. Es posible que no necesiten medicamentos después de completar la terapia.

. . .

Esta fobia puede resultar en diversas complicaciones. No es práctico esperar que alguien esté siempre contigo: puede afectar tu autoestima, carrera, relaciones y vida social. Es posible que te encuentres en una relación poco saludable o incluso abusiva para evitar estar solo/a. Puedes llegar a exigir que los amigos o la familia no se vayan, lo que puede dañar las relaciones; o puedes controlar obsesivamente a tu pareja por miedo a que te dejen.

Además, la autofobia aumenta el riesgo de depresión, trastorno de estrés postraumático (TEPT) o trastorno por uso de sustancias. Así, se recomienda que consultes a un experto en atención médica si experimentas ataques de pánico, ansiedad persistente que interfiere con la vida diaria o el sueño y signos de depresión o problemas de consumo de sustancias.

Es posible que desees preguntarle a tu proveedor de atención médica qué está causando esta fobia, cuál es el mejor tratamiento para ti, explorar si deberías probar la terapia de exposición y por cuánto tiempo necesitarás terapia, explorar la opción de utilizar medicamentos y los signos de posibles complicaciones.

· · ·

El miedo a estar solo (autofobia o monofobia) puede tener un impacto negativo en tus relaciones y tu capacidad para trabajar. Las fobias son tratables y no es algo con lo que tengas que vivir. Las psicoterapias como la terapia de exposición y la TCC pueden ayudarte a superar este miedo para que puedas disfrutar más de tu propia compañía.

5

Sentirte solo/a no es lo mismo
que estar solo/a

EN UN MUNDO TAN GRANDE, puede ser fácil sentirte solo/a. La soledad le puede pasar a cualquiera en cualquier momento, aun así, los sentimientos tristes nunca son divertidos. La soledad es extremadamente aterradora y esto se ha probado en distintas ocasiones y de distintas formas.

Una de ellas fue una encuesta realizada en el año 2017 en la que se demostró que el 42% de las mujeres *millennial* tienen más miedo a la soledad que a un diagnóstico de cáncer. Ese mismo año, el cirujano general Vivek Murthy, M.D., definió la soledad como una epidemia.

La cosa es que la soledad se siente diferente para todos.

.   .   .

Es profundamente personal, es un sentimiento subjetivo definido por la cantidad y el tipo de conexión que necesitas en tu vida. El miedo a estar solo/a puede parecer especialmente real.

Los humanos anhelan la cercanía, y en momentos de incertidumbre o contingencias sociales o ambientales, puede ser difícil encontrar suficiente. Según una encuesta del 2019, el 61% de las personas se sienten solas por falta de apoyo social, muy pocas interacciones sociales significativas, mala salud física y mental, y falta de equilibrio en sus vidas. La mayoría de nosotros nos sentimos solos por muchas razones válidas.

La soledad es un círculo vicioso: cuando estás solo/a, te sientes aislado/a, lo que solo te hace sentir más solo/a. Por su naturaleza, la soledad nos dice que debe haber algo malo en nosotros y que nadie más se siente así, pero es importante replantear la soledad como una emoción natural que la mayoría de nosotros sentimos, como parte de cómo trabajamos juntos en ella.

.   .   .

Afortunadamente, hay formas de sobrellevar y lidiar con la soledad, y probablemente sean más simples de lo que piensas.

Ahora, todos somos diferentes, por lo que es posible que todos estos trucos no funcionen para ti, ¡pero no está de más probarlos para ver qué funciona!

Una de las mejores cosas que puedes hacer por ti mismo/a cuando te sientes solo/a es exponerte. Únete a una liga deportiva, toma una clase de cocina o ejercicio, o sé voluntario/a en el banco de alimentos local. Estarás socializando y divirtiéndote, ¡lo mejor de ambos mundos!

Regístrate en actividades que te interesen para encontrar personas con pasiones o pasatiempos similares. Muestra interés en lo que estás haciendo y en las personas que te rodean, ¡no tengas miedo de acercarte a alguien primero!

Otras veces, todo lo que necesitas es un hombro reconfortante en el que apoyarte. Habla con un ser querido de confianza sobre cómo te has sentido o envíale un simple "Hola" para iniciar una conversación.

. . .

Hablar de tus sentimientos puede parecer desalentador, pero puede ayudarte a darte cuenta de que no estás solo/a.

Trata de decir algo como "Últimamente, me he sentido solo/a. ¿Alguna vez te has sentido así? u, "¡oye! ¿Quieres tomar un poco de helado? Seguro que me animaría".

Si no tienes a nadie con quien hablar, intenta ponerte en contacto con círculos de personas que al igual que tú, buscan conocer personas nuevas. Por ejemplo, únete a una comunidad en línea para encontrar personas con ideas afines.

A veces, conectar con personas en línea puede ser más fácil que hacer amigos en la vida real. Si eres un poco tímido/a, trata de comunicarte con las personas en las redes sociales. ¡Hay toneladas de foros y salas de chat para elegir! Sigue tus intereses y puedes hacer algunas conexiones duraderas.

Intenta unirte a grupos de Facebook sobre tu programa de televisión, manualidades o libros favoritos. Desplázate por los hashtags de tus intereses en Instagram y Twitter para unirte a las conversaciones, o juega un juego multijugador que te permita chatear con otros, como Minecraft o Fortnite.

Evita pasar demasiado tiempo en las redes sociales, ya que las comunidades en línea pueden volverse tóxicas rápidamente. Y siempre ten cuidado cuando hables con extraños en línea. Si algo no se siente bien con algún perfil, intenta chatear con otra persona.

Practicar el cuidado personal es especialmente importante cuando te sientes triste. Ayúdate a sentirte mejor y a lidiar con la soledad comiendo alimentos nutritivos, haciendo ejercicio y durmiendo lo suficiente.

Come alimentos que te satisfagan emocional y físicamente y trata de mover tu cuerpo durante al menos 30 minutos al día; haz algo que disfrutes, como caminar, caminar, nadar o bailar. Trata de dormir al menos 7 horas y sigue un horario de sueño regular.

Considera agregar la meditación a tu rutina para ayudar a despejar tu mente. Cuidar tu mente y tu cuerpo no tiene por qué ser tedioso, ¡así que date un capricho de vez en cuando! Recibe un masaje o compra esa prenda de ropa.

Combate esos sentimientos tristes y solitarios con cosas nuevas y emocionantes.

Realiza actividades que te gusten o comienza un nuevo pasatiempo para tener algo que esperar cada día, como montar una bici, escribir una canción, leer un libro, pintar un cuadro o probar una clase de yoga.

También, como hemos explorado, podrías comenzar un diario para llevar un registro de tus pensamientos y sentimientos. Escribir es una excelente manera de dejar salir tus emociones y comprender por qué te sientes solo/a.

Intenta dedicar al menos 20 minutos al día a escribir en tu diario. Tus entradas no tienen que ser largas ni sobre nada en particular, ¡simplemente anota lo que te venga a la mente! Algunas ideas para comenzar pueden ser "me siento solo/a cuando...", "me siento solo/a porque...", "hoy yo...".

Finalmente, como sabes, las mascotas son increíbles compañeras, te ayudan a mantener una rutina diaria y alivian los síntomas de depresión, ansiedad y soledad. Si te sientes deprimido/a después de mudarte o perder a un ser querido, considera la posibilidad de tener un perro, un gato, un hámster o un pez dorado para ayudar a que la soledad desaparezca.

Considera que convertirte en dueño/a de una mascota es una gran responsabilidad, y puede que no sea la mejor opción para todos, y eso está bien. Identifica los pros y contras de esta gran tarea, pues deberás comprometerte totalmente.

6

Encuentra dicha en lo más simple

HEMOS HABLADO DE LA COMODIDAD, pero ¿qué pasa con la felicidad? Encontrar alegría en las pequeñas cosas realmente marca la diferencia, no solo para las personas solteras, sino para todas las personas que se encuentran en procesos de independencia y cambio.

Estar soltero/a o no tener una compañía recurrente te brinda la maravillosa oportunidad de capturar las pequeñas cosas más a menudo en la vida y saborearlas a tu propio ritmo y de la manera que sea más significativa para ti.

La espontaneidad es una de las mayores oportunidades que se les brinda a los solteros.

. . .

Se siente increíble despertarte una mañana y decirte a ti mismo/a: "tengo ganas de hacer esto hoy, así que lo haré".

Entonces, el sábado por la mañana, cuando tengas ganas de cambiar las cosas, tómate un momento para agradecer que no tienes que negociar un plan con otra persona o pedir disculpas a alguien por no estar disponible cuando decide que su plan espontáneo de hoy te incluirá a ti.

Al ser soltero/a, ahora eres completamente libre de cambiar tus planes o enfrentarte al día sin un plan en absoluto. Si estás luchando por encontrar alegría en las pequeñas cosas, ¡comienza por ahí! Comienza con el conocimiento de que tienes (dentro de lo razonable) total libertad y, en cierto sentido, propiedad libre de culpa de todo tu tiempo libre. Al final del día, es la libertad de lo que estás obteniendo tu alegría.

Si eres alguien que disfruta de un poco más de estructura y planea con anticipación sus días, haz una lista de las cosas que siempre quisiste hacer, mantenla donde la veas y actualízala regularmente. Cuando tengas tiempo, incluye algo de esa lista en tus planes de fin de semana. Es una forma de sacudir las cosas sin causar estrés al comenzar el día sin ningún plan.

"Desconectarte" también es una parte muy importante de la recarga. Tomarte incluso una tarde o noche libre puede hacer maravillas en tu estado de ánimo.

Mientras no estés en medio de algo o necesites estar conectado/a con el mundo exterior por algún motivo, intenta pasar unas horas lejos de tu teléfono sin sentirte culpable y ¡disfrútalo!

Otra excelente manera de desconectarte y recargarte es pasar un tiempo en la naturaleza. Pasar tiempo en cualquier naturaleza a la que tengas acceso realmente te ayuda a centrarte y reducir el estrés. El aire fresco es excelente para la salud, e incluso se ha demostrado científicamente que solo mirar árboles reales mejora el estado de ánimo, reduce el estrés y promueve la curación física.

Si tienes acceso a árboles o algún tipo de lugar en la naturaleza, intenta pasar incluso media hora caminando entre la naturaleza y concentrándote en lo que estás viendo en lugar de quedarte atrapado/a en tu propia cabeza todo el tiempo o enfocándote en las cosas negativas de la vida.

Otra cosa que te hace sentir más feliz es hacer ejercicio. Sabes que el ejercicio le hace bien a tu cuerpo, pero estás demasiado ocupado/a y estresado/a para incluirlo en tu rutina, pero espera un segundo, hay buenas noticias acerca del ejercicio y el estrés. Prácticamente cualquier clase de ejercicio, desde aeróbicos hasta yoga, puede aliviar el estrés.

Aunque no seas un/a atleta o no estés en forma, puedes lograr que un poco de ejercicio sea de gran ayuda para el manejo del estrés. El ejercicio mejora la salud general y la sensación de bienestar, lo que aporta energía a tu ritmo de vida todos los días. Pero el ejercicio también tiene algunos beneficios directos que combaten el estrés.

Primeramente, aumenta las endorfinas. La actividad física puede ayudarte a aumentar la producción de los neurotransmisores del cerebro que nos hacen sentir bien, denominados endorfinas. Aunque esta función con frecuencia se describe como la satisfacción que se siente al correr, cualquier actividad aeróbica (como un partido de tenis emocionante o una caminata para disfrutar de la naturaleza) pueden generar la misma sensación.

También, reduce los efectos negativos del estrés.

El ejercicio puede aliviar el estrés del cuerpo y, al mismo tiempo, imitar los efectos del estrés, como la reacción de alarma, y ayuda al cuerpo y tus sistemas a practicar el trabajo conjunto a través de esos efectos. Esto también puede generar efectos positivos en el cuerpo, incluidos los sistemas cardiovascular, digestivo e inmunitario, ya que te ayuda a proteger el cuerpo de los efectos dañinos del estrés.

Ejercitarte es una meditación en movimiento. Después de un juego de raquetbol de ritmo rápido, una caminata larga o una carrera, o varias vueltas en la piscina, posiblemente te des cuenta de que te has olvidado de la irritación del día y te hayas concentrado solo en los movimientos del cuerpo.

A medida que comiences a deshacerte con regularidad de las tensiones diarias a través del movimiento y la actividad física, tal vez descubras que este enfoque en una sola tarea, y la energía y el optimismo que genera, puede ayudarte a mantener la calma, tranquilidad y concentración en todo lo que haces.

Además, mejora tu estado de ánimo.

El ejercicio regular puede aumentar la confianza en uno mismo, mejorar tu estado de ánimo, ayudarte a relajarte y disminuir los síntomas de depresión leve y ansiedad.

Hacer ejercicio también puede mejorar tu sueño, que a menudo se ve interrumpido por el estrés, la depresión y la ansiedad.

Todos estos beneficios del ejercicio pueden reducir tus niveles de estrés y darte una sensación de dominio sobre tu cuerpo y tu vida. Haz que el ejercicio y el alivio del estrés funcionen para ti: un programa de ejercicios con resultados satisfactorios comienza con unos simples pasos.

Consulta con tu médico. Si no has hecho ejercicio durante algún tiempo o tienes problemas de salud, es conveniente que consultes con el médico antes de comenzar una nueva rutina de ejercicios; y recuerda (literalmente) caminar antes de correr: mejora tu estado físico progresivamente. El entusiasmo por un nuevo programa puede llevarte a exagerar y, posiblemente, incluso a lesionarte.

Para la mayoría de los adultos sanos, se recomienda hacer al menos 150 minutos de actividad aeróbica moderada o 75 minutos de actividad aeróbica vigorosa a la semana, o una combinación de actividad moderada y vigorosa.

Entre los ejemplos de actividad aeróbica moderada, se incluyen caminar rápidamente o nadar, y entre los de actividad aeróbica vigorosa, correr o andar en bicicleta.

Una mayor cantidad de ejercicio proporcionará beneficios aún mayores para la salud.

Además, intenta hacer ejercicios de fortalecimiento muscular para todos los grupos musculares principales al menos dos veces a la semana. La idea principal es que hagas lo que amas. Casi cualquier forma de ejercicio o movimiento puede mejorar tu estado físico y, a la vez, disminuir tu estrés.

．　．　．

Lo más importante es elegir una actividad que disfrutes, por ejemplo, caminar, subir escaleras, trotar, bailar, andar en bicicleta, levantar pesas, nadar o hacer yoga, taichí o jardinería. Recuerda que no es necesario inscribirte en un gimnasio para estar en movimiento. Sal a caminar con el perro, prueba hacer ejercicios de peso corporal o practica yoga con un video en tu casa.

Según tus horarios, es posible que debas hacer ejercicio por la mañana un día y por la noche al día siguiente. Pero disponer de algo de tiempo para moverte todos los días te ayuda a priorizar de forma continua tu programa de ejercicios. Trata de incluir el ejercicio en tu programa de actividades a lo largo de la semana.

El ejercicio también es una gran forma de cuidado personal. Es una buena manera de salir de la casa o al menos moverte de alguna manera. Deberías tener más energía cuando termines de hacer ejercicio, y verás beneficios físicos además de los mentales en la mayoría de los casos. Pruébalo durante una semana; realmente te gustará lo que hace el ejercicio por ti.

．　．　．

Si quieres un desafío, intenta hacer ejercicio con un amigo o fíjate una meta que creas alcanzable. Vincularte con un grupo de compañeros entusiastas hace que hacer ejercicio sea mucho más agradable, y tener un grupo de aficionados luchando junto a ti para dominar un nuevo entrenamiento hace que las cosas sean mucho menos incómodas.

Realmente son las pequeñas cosas todos los días las que marcan la diferencia en tu felicidad.

Con suerte, después de probar algunas de estas sugerencias, puedes ver por ti mismo/a los cambios que puede traer a tu comodidad y felicidad general asegurarte de hacer una sola cosa todos los días que te haga feliz. Y puedes llevar estos hábitos y pequeñas alegrías en la vida contigo incluso si te metes en una relación o en tu feliz soltería. ¡Puedes compartir los beneficios con tu pareja!

7

Tiempo para ti

HEMOS HABLADO sobre el importante tiempo a solas. Hemos cubierto cómo cambia la proporción de tiempo con personas versus tiempo a solas para introvertidos/as y extrovertidos/as. Pero, ¿cómo averiguas qué es exactamente lo que quieres hacer con tu "tiempo para mí"?

Escucha a tu cuerpo y mente y lo que realmente tienes ganas de hacer. Especialmente después de llegar a casa del trabajo, pregúntate (y responde honestamente) "¿qué tengo ganas de hacer ahora?" Después de algunas semanas de hacerte esta pregunta, la respuesta probablemente te dará una idea de lo que normalmente necesitas para relajarte y descansar.

. . .

Mientras esas respuestas sean saludables para tu cuerpo, mente y presupuesto, comienza a convertir esas actividades en una rutina y un conjunto de hábitos que te hagan sentir descansado/a, recargado/a y listo/a para enfrentar el día siguiente. Estar soltero/a te brinda la oportunidad de hacer esto sin preocuparte de cómo alguien más encaja en tus planes.

¡Aprovéchalo al máximo! Si te preguntas qué respuestas se consideran saludables y sostenibles (o si se sientes raro/a hablando contigo mismo/a para averiguar qué quieres hacer), aquí hay algunas cosas que pueden ayudarte a relajarte después de un día de trabajo:

- Ver un programa de televisión divertido o un video en línea, esto te ayudará a distraerte y pasar un momento agradable a solas con cosas que tú eligieras porque te gustan o te interesa verlas.
- Cocinar una cena que requiera más tiempo para ti, así podrás disfrutar de un buen platillo que harás especialmente para ti.
- Limpiar algo que te ha estado volviendo loco/a durante algunas semanas, esto te ayudará a sentirte muy bien y en paz.
- Llamar a un amigo y chatear; esto lo puedes hacer de vez en cuando porque como ya lo

aprendiste igual es importante cuidar a las amistades y ponerse al día.

- Dedicar algo de tiempo a un pasatiempo o proyecto en el que ha estado trabajando, ¡no hay nada como trabajar con las manos!
- Toma una siesta, te ayudará a recuperarte y sentirte como nuevo/a para seguir con lo que viene.
- Planifica lo que quieres hacer en tu próximo día libre, así ya tendrás ideas y te emocionarás de hacerlo.
- Comunícate con tu familia, no olvides que es importante procurar de vez en cuando a la familia.
- Reorganiza algo, lo que tú quieras para sentirte mejor
- Dedícale más tiempo a tu arreglo personal, cuídate y hazte los cambios que necesites y a ti te gusten para sentirte bien.

Estas opciones no cuestan mucho dinero ni te hacen ningún daño físico y te ayudarán a relajarte después de un largo día. Esta no es una lista de cosas por hacer, y si algo en esta lista no es para ti, entonces haz lo que te haga sentir descansado/a.

· · ·

Estas ideas son solo algo para ayudarte a comenzar con tu propia lista.

Algunas cosas en esa lista merecen ser destacadas, como el aseo personal. Tener una rutina de cuidado personal es extremadamente importante para construir y mantener la comodidad y la felicidad.

Si no sientes que te estás cuidando lo suficiente, no te sentirás muy feliz. Si no te cuidas físicamente, lo más probable es que tampoco te sientas muy cómodo/a contigo mismo/a (es difícil, pero todos hemos pasado por eso).

Hay videos de YouTube pegados por todo Internet que muestran rutinas de cuidado personal de horas de duración que cuestan mucho dinero y requieren equipos y productos específicos (y costosos). Eso no es necesariamente de lo que estamos hablando aquí. Si está dentro de tus posibilidades hacer algo de esa escala, ¡adelante! Para la mayoría de nosotros, no lo es en absoluto, y nuestro dinero y tiempo libre ganados con tanto esfuerzo se gastan mejor en otro lugar.

· · ·

Dicho esto, es muy importante tener una rutina de cuidado personal sólida a un precio razonable que se ajuste a su horario.

Y puede verse diferente en diferentes noches, por lo que podría ser beneficioso para ti desarrollar algunas rutinas que tomen diferentes cantidades de tiempo para que tengas algo que puedas hacer cuando solo tengas unos minutos y cuando tengas algunas horas para mimarte realmente.

Asegúrate de tener algunas cosas que consideres un placer para ti y que puedas hacer en casa para esos días en los que simplemente no tienes mucho tiempo. Si hay cosas que te gusta hacer para cuidarte fuera de casa, como arreglarte las uñas o recibir un masaje, es mejor dejarlas para un día en que tengas más tiempo.

Para cualquier duración de una rutina, el cuidado de la piel es una de las formas más fáciles de cuidarse. Todos deberíamos tener una rutina de cuidado de la piel de algún tipo. No tiene que ser elaborado o costoso: los productos de farmacia a menudo funcionan tan bien como las marcas de lujo.

· · ·

Encuentra algunos productos que funcionen bien para ti y en los que no te sientas culpable por gastar tu dinero. Si no encuentras ese proceso frustrante, puede ser tu propia forma de autocuidado, porque estás invirtiendo tiempo en ti mismo/a.

Invertir tiempo en ti mismo/a puede parecer diferente a solo el cuidado de la piel y el mantenimiento superficial.

Hacer ejercicio, como dijimos previamente (sí, está surgiendo mucho, ¡es una de las mejores cosas que puedes hacer por ti mismo/a!) y comer de manera saludable también son excelentes maneras de practicar el cuidado personal por dentro. O, también hacer una comida saludable es un acto de cuidado personal.

YouTube siempre es una gran opción. Es más difícil encontrar tutoriales que sean específicos del nivel de habilidad en la gran red, pero hay muchos tutoriales de cocina y manualidades. También hay muchas personas que tienen clases en vivo sobre temas más especializados que también podrías rastrear a través de Internet.

Y si las clases en general no son lo tuyo, considera prueba y error para ayudarte a mejorar, o alguna investigación autoguiada. ¡Aprender de esta manera fomenta tu curiosidad, te permite aprender a tu propio ritmo y te hace reír mucho en el camino!

Una profundización autoguiada en un nuevo pasatiempo también es una buena manera de ver si te gusta la actividad antes de invertir demasiado tiempo o dinero en ella, y puedes irte en cualquier momento.

Ya hemos establecido que una forma divertida y útil de pasar una noche es escribir un diario. Especialmente si eres del tipo creativo/a, llevar un diario es una excelente manera de centrarte, organizar tus pensamientos y expresar algo de creatividad.

Si estás en las redes sociales, es posible que hayas visto algo llamado diario de viñetas. *Bullet journaling* es una forma creativa de escribir un diario que consiste en tomar un libro en blanco de tu elección y diseñar sus propias páginas. Algunas personas usan el diario de viñetas como planificadores con calendarios personalizados para ayudarlos a mantenerse organizados, y algunos otros usan el diario de viñetas como una forma de escribir sus pensamientos sobre un fondo creativo.

· · ·

Puedes incluir lo que quieras en estas páginas: fotos, obras de arte, recortes de periódicos, lo que te traiga alegría. Un diario de viñetas puede servir como una artesanía funcional y una salida para tu creatividad.

Todo lo que realmente necesitas es un libro en blanco y un bolígrafo, pero siempre puedes aumentar el compromiso de tiempo y el costo de los materiales. Una búsqueda rápida en Google te proporcionará muchos suministros e ideas para manualidades para explorar por ti mismo. ¡Para eso está el fin de semana!

Fin de semana

¡Felicitaciones por sobrevivir otra semana de la rutina diaria! Por mucho que todos celebremos tener unos días de descanso de nuestras obligaciones normales, como una persona recién soltera o sin compañía en un ambiente nuevo, es fácil temer los fines de semana.

Si estás saliendo de una relación en la que solían pasar todos los fines juntos, o llegas a una ciudad nueva, es posible que los fines de semana no se sientan como algo para celebrar... todavía. ¡Anímate! ¡Al final de este capítulo, ¡estarás más emocionado/a por tus fines de semana de lo que nunca pensaste que podrías estar!

Lo primero de lo que se debe hablar es de salir a la ciudad por la noche.

Si eres alguien a quien le gusta salir a clubes o bares, no tienes que renunciar a eso solo porque eres soltero/. Si tienes amigos o conocidos que puedan acompañarte, no tengas miedo de proponer un plan para la noche y, en cambio, si tienes ganas de salir solo/a, asegúrate de tener cuidado y usar el sentido común, ¡y aun así lo pasarás genial!

Vale la pena señalar que al principio puedes sentirte un poco incómodo/a yendo solo/a por la ciudad a cualquier destino, ya sea un parque de diversiones, un centro comercial, pero realmente te sentirás mucho más cómodo/a saliendo a la ciudad solo/a después de unas pocas veces. Y si te ayuda a superar momentos súper incómodos, llama o envía un mensaje de texto a un amigo para que parezca que estás "con" alguien, o mantén los auriculares puestos para que nadie te moleste.

· · ·

Salir a comer sin compañía es un punto de discordia tan grande que realmente merecía su propia sección. Probablemente te hayas encontrado con algún estigma por ir a un restaurante solo/a en algún momento de tu vida, ya sea por los medios o por experiencia personal (aunque con suerte no).

Cualquiera que sea tu experiencia con el tan criticado "comer solo/a en un restaurante", con suerte encontrarás algo de aliento aquí. Hay muchas cosas que puedes hacer para sentirte menos incómodo/a al comer solo/a.

El entorno elegido es uno de los mayores impactos en tu nivel de comodidad al comer solo/a. Si estás en un restaurante que se especializa en noches de citas y aniversarios, probablemente te sentirás mucho menos cómodo/a que si fueras a un restaurante más informal.

Los ambientes de los restaurantes más informales y de los que no cuentan específicamente con ambientes y menús románticos son mucho más acogedores y relajados.

También es probable que veas a algunas otras personas comiendo solas si mantienes los ojos abiertos.

. . .

Si anhelas una experiencia más lujosa, ir a un restaurante en un hotel también es una gran idea. Mucha gente viaja sola y come en cualquier restaurante que tenga el hotel por conveniencia, así que estarás entre otras personas solteras.

Entonces, si estás sentado/a solo/a en una mesa, ¿qué haces para que sea menos extraño (especialmente mientras esperas tu comida)? Dependiendo de la configuración del restaurante, es posible que puedas usar tu teléfono para entretenerte. No para llamadas telefónicas, sino para desplazarte por las redes sociales, ponerte al día con los mensajes de texto o jugar ese juego para el que simplemente no puedes encontrar tiempo durante la semana.

Si se trata de un restaurante más informal, es posible que incluso puedas traer auriculares y ver alguna película o un nuevo capítulo de tu serie favorita si lo deseas. Todo va a depender de cómo te gusta disfrutar de tu comida.

También puedes traer un libro si eres un/a gran lector/a o un cuaderno si prefieres dibujar o escribir, algo que disfrutes hacer y que te haga feliz mientras estás allí. Si te encuentras en un establecimiento más concurrido, observar a la gente también es una excelente manera de entretenerse si no quieres "llevar" algo que hacer. A veces es agradable disfrutar de la comida sin tener que realizar varias tareas a la vez, y la gente realmente proporciona entretenimiento sin fin.

Si no tienes ganas de salir, o no puedes hacerlo ese fin de semana, siempre puedes planificar una estadía.

Si no has escuchado antes el término, unas "vacaciones en casa" es un período de tiempo en el que se hace algo divertido y diferente en casa para sentir como si estuvieras de vacaciones sin salir de casa.

¡Una estancia en casa no tiene que ser elaborada o costosa y puede ser absolutamente cualquier cosa que quieras que sea! Los aspectos más destacados son los días de spa, las noches de cine, los días de manualidades o pasatiempos, los días de cocina y (si el clima lo permite) los días de jardinería. También puedes recrear algo que te encantó de unas vacaciones reales que tomaste, como los aromas, un entorno o un alimento que te encantó.

El punto de la estadía es menos lo que haces durante ese tiempo y más sobre cómo te sientes. Las vacaciones en casa deben diseñarse para que te sientas descansado/a, rejuvenecido/a y como si acabaras de salir de vacaciones, sin el alto precio.

Las vacaciones en casa pueden ser tan glamurosas o informales como quieras y no tienes que ocupar todo el fin de semana si no lo deseas.

Tal vez es solo uno de tus días libres y te quedas en la cama o en el sofá todo el día viendo películas o poniéndote al día con los programas de televisión, y es tu excusa para pedir comida a domicilio en lugar de obligarte a salir a buscar la comida. ¡Lo que sea que se sienta como si estuvieras de vacaciones!

¿Te apetece un verdadero cambio de escenario? ¡Prueba un viaje de un solo día a un lugar diferente! Incluso si se trata de un viaje rápido por algunas ciudades hasta un centro comercial diferente o una ruta de senderismo, a veces es bienvenido un cambio de escenario.

Si vives en una ciudad más grande, ve si hay autobuses o trenes que vayan a otras ciudades importantes que no sean demasiado caros. El transporte público es una excelente opción si no tienes automóvil, quieres ir a una ciudad que tiene estacionamientos costosos o simplemente no tienes ganas de conducir.

Si no vives en una gran ciudad o simplemente no te gusta el transporte público (lo cual es totalmente válido), ¡los viajes por carretera son muy divertidos! Enciende el GPS y una lista de reproducción increíble y simplemente navega durante unas horas por la carretera.

A menos de que encuentres conducir muy estresante, ¡esta es una excelente manera de pasar un día soleado de fin de semana!

Si vives en un lugar donde la próxima ciudad está a una distancia decente en auto, tal vez esta sea tu señal para explorarla. ¡Encuentra un restaurante o centro comercial que quieras visitar y configura tu GPS! Seguro que te divertirás tanto en el camino como cuando llegues allí. Y uno de los placeres de los viajes por carretera es que puedes parar cuando quieras y no tienes que preocuparte por nadie más. Si ves una señal en la carretera de una atracción que despierte tu interés, ¡dirígete!, ¿por qué no?

. . .

Si eres un poco nuevo/a en tu área, las excursiones de un día son una forma fantástica de descubrir muchos lugares divertidos y actividades a los que no toma mucho tiempo llegar, pero que brindan un cambio de escenario suficiente para sentirse especial. Incluso si has vivido donde lo haces durante años, aún puedes consultar los sitios de viajes para ver si hay actividades nuevas y divertidas que pueden haber pasado desapercibidas.

Los festivales son grandes atracciones durante la primavera y el verano en muchas áreas, y a menudo están un poco alejados de una ciudad importante y podrían ser un destino de viaje por carretera súper divertido. Lo bueno de los festivales es que a menudo están tan llenos que nadie sabrá que estás allí solo e, incluso si lo supieran, en realidad no dirán nada. ¡También puedes hacer algunos amigos en el camino!

Los festivales tampoco suelen ser muy caros para entrar y tienen mucha comida y cosas divertidas para ver y para hacer que el viaje valga la pena. Es posible que descubras que realmente disfrutas del festival y lo conviertas en un destino anual.

. . .

No importa a dónde conduzcas, seguramente habrá algo que hará que el viaje valga la pena el tiempo y el dinero de la gasolina. Y no hay nada que diga que tienes que planificarlo en primer lugar. Si eres un espíritu errante, simplemente elige una carretera y comienza a conducir.

Un viaje por carretera solo/a puede ser lo que quieras que sea. Lo mismo ocurre con un viaje de un día en transporte público. Bájate en la parada que quieras, pon atención a las señales de tránsito y ve a donde quieras.

¡Solo asegúrate de no perderte tu viaje a casa!

Otra actividad de fin de semana que te ayuda a sacar provecho de la soltería es abordar un gran proyecto que tenías la intención de hacer, pero para el que no diste tiempo cuando estabas en una relación. Todos los tenemos, desde finalmente plantar ese huerto hasta limpiar tu armario y reorganizarlo.

Esto siempre es divertido cuando tienes un objetivo, y puede darte un pequeño cambio de escenario antes de volver a tu proyecto. Es realmente satisfactorio completar un proyecto, y te lo agradecerás cuando deje de ser un pendiente y se convierta en un logro.

Aprovecha esos fines de semana en los que tienes ganas de ser súper productivo/a e intenta abordar un proyecto más grande. Es útil mantener una lista actualizada de los proyectos que te gustaría abordar cuando te apetezca.

Por supuesto, los proyectos no tienen que ocupar todo tu fin de semana si no quieres que lo hagan. Tampoco tienes que hacerlos solo/a; incluir algunos amigos o familiares realmente puede animar el proceso o hacerlo más eficiente. ¡Definitivamente crearás algunos recuerdos en el camino!

Mucha gente practicó deportes en algún momento de su infancia. A veces es divertido volver a practicar el deporte que amabas de niño/a ahora que eres un poco mayor. Y honestamente, es casi imposible sentirte incómodo/a como una sola persona cuando juegas un deporte de equipo. El enfoque es el juego en sí, y te sentirás cómodo/a en poco tiempo. También es una buena manera de hacer amigos.

. . .

También se ha demostrado que competir te distrae de la mayoría de las cosas que te preocupan y te proporciona un subidón de adrenalina que te hará sentir mejor. ¡Solo asegúrate de mantenerlo amigable!

La mayoría de las ciudades tienen equipos de aficionados y grupos para adultos que disfrutan de los deportes y aún quieren jugar más adelante en la vida. Muchos de estos se organizan en línea con la ayuda de las redes sociales y/o los centros comunitarios locales. Estos grupos pueden variar en seriedad (y, por lo tanto, en inversión financiera) desde el estilo de juego informal hasta las ligas completas.

Cualquiera que sea tu gusto en actividades, ¡hay un pasatiempo de fin de semana para todos!

Puede tomar un poco de esfuerzo descubrir cómo te gusta pasar tu tiempo, pero saber cuáles son tus opciones y buscar algunas cosas nuevas para probar hará un bien en tu camino.

8

Aprovecha para viajar

Uɴᴏ ᴅᴇ ʟᴏs beneficios de viajar solo/a es la libertad de hacer lo que quieras cuando te apetezca. Puede ser mucho más relajante alejarte solo/a para explorar cosas que otras personas en tu vida no encuentran tan curiosas como tú. También puedes disfrutar de cierta flexibilidad en la programación de tu horario si es solo el tuyo el que estás planeando.

No siempre es una sabia decisión financiera dejar todo y volar a algún lugar durante una semana, pero si sabes que se avecina un tiempo libre, intenta aprovechar ese momento en que los vuelos son más baratos para dirigirte al destino de tu elección.

· · ·

El dinero puede convertirse en un obstáculo menor para tu pasión por los viajes si ahorras para ello. Incluso si no tienes un viaje en mente, reservar un poco de dinero cada mes para cuando quieras escaparte, hace que sea más fácil conseguirlo.

Si no te gusta viajar solo/a, busca un compañero de viaje, alguien que comparta tus intereses y con quien te guste estar cerca y con quien puedas divertirte. Tal vez sea un miembro de la familia o un buen amigo. Tener a alguien contigo es mucho más seguro y, a menudo, menos costoso si estás dividiendo cosas como una habitación de hotel y la tarifa del taxi. Y en una nota menos práctica, no es necesario, pero es muy bueno tener a alguien con quien compartir experiencias.

Viajar es una buena forma de cambiar de aires y evitar el agotamiento tanto en la vida personal como en la profesional. Si pensabas que serías juzgado/a por hacer cualquier actividad solo/a, con suerte has llegado a ver cómo puedes disfrutar absolutamente todo lo que el mundo tiene para ofrecer cuando estás bien contigo.

· · ·

Entonces, ya sea que estés con amigos o solo, ¿cómo planeas un viaje seguro (especialmente con un presupuesto ajustado)?

Lo más importante en lo que se debe pensar es dónde te vas a quedar, pues todos conocemos la reputación de los hoteles baratos.

Afortunadamente, en la industria hotelera, llega un punto en el que el dinero ya no compra seguridad, solo compra comodidades. Por lo tanto, decide qué servicios te interesan y cuánto tiempo crees que pasarás en el hotel.

Si las comodidades no son muy importantes porque estarás explorando la mayor parte del tiempo, un hotel de cadena de precio medio con buenas críticas probablemente sea perfecto para ti. Si viajas por la experiencia de hospedarte en un hotel de alta gama, aún lee las reseñas.

No importa qué, ¡lee las reseñas!

De la misma manera, mira los alrededores del hotel. Si no estás familiarizado/a con el área, lee las reseñas de los establecimientos cercanos y haz un pequeño seguimiento de *Google Satellite* para tener una idea de cómo es el vecindario. No hay nada peor que pagar más por un hotel que está en un mal vecindario donde te sientes nervioso/a incluso esperando un taxi afuera.

Dicho esto, mira también los métodos de tránsito. Puede que no sea lo más inteligente intentar el transporte público en una ciudad con la que no estás muy familiarizado/a. Por lo general, es una buena idea permanecer cerca de las cosas que deseas hacer, pero es poco probable que estés ubicado/a en el centro de todas las actividades que has planeado.

Mira la accesibilidad para peatones o planea tomar un taxi o alquilar un automóvil. Sí, estas cosas agregan costo al viaje, pero siempre hay ofertas y códigos de descuento para el transporte. Solo asegúrate de estar utilizando una empresa de alquiler de automóviles de buena reputación si cliges ir por esa ruta.

Ahora que estás emocionado/a por viajar, la pregunta final es: ¿a dónde te diriges? Elegir un destino a veces puede ser muy fácil, pero es un poco diferente cuando estás soltero/a. Si recién estás saliendo de una relación, trata de evitar lugares que te hagan pensar en tu ex. Si todavía estás luchando para adaptarte o aceptar el estar sin compañía, evita los lugares notoriamente románticos.

. . .

La clave para ser feliz y cómodo/a como viajero/a individual tiene que ver con el medio ambiente.

Elige una ciudad que tenga muchas atracciones para solteros o que al menos no se comercialice como una ciudad diseñada para parejas. Si estás buscando un día más relajado y dedicado sólo a tu comodidad, reserva una habitación en un hotel/spa y déjate mimar por una noche o dos.

Hay muchas razones por las que deberías viajar solo/a al menos una vez en la vida. En primer lugar, viajar solo/a significa tener la máxima libertad para hacer lo que quieras (dentro de los límites de la ley, por supuesto).

¿Quién no ha tenido nunca una discusión con su compañero de viaje porque tienes opiniones diferentes sobre cómo completar tu itinerario de viaje? Viajar solo/a significa hacer lo que quieras, ya sea que quieras planificar todo o salir espontáneamente.

. . .

Además… 'Ve a buscarte a ti mismo/a', todos hemos escuchado el cliché, pero ¿cómo puedes hacerlo realmente? Deberíamos reformular la declaración de 've a buscarte a ti mismo/a' a 've a descubrir tu independencia' porque eso es lo que realmente estás haciendo.

La sensación de logro derivada de completar con éxito tu primer viaje en solitario/a es difícil de igualar. ¡Descubrirás cómo te comportas y reaccionas en situaciones impredecibles en el extranjero y tu confianza obtendrá un impulso definitivo!

Viajar solo/a es **SIEMPRE** una aventura. No importa lo que hagas en un viaje en solitario/a, se sentirá aventurero. Saldrás de tu zona de confort, viajarás a un lugar en el que tal vez nunca hayas estado antes, conocerás gente nueva que te dejará recuerdos imborrables y mucho más.

Cosas que nunca sucederían dentro de los mismos límites que en tu hogar suceden a diario cuando decides viajar solo/a.

¿Significa eso que todo es color de rosa cuando viajas solo/a? No, por supuesto que no, no mentiremos, hay cosas negativas que también pueden suceder cuando viajas solo/a: es posible que te sientas triste en momentos en que no puedes encontrar personas con ideas afines por un tiempo.

Algunas cosas, como actividades o habitaciones de hotel, pueden ser más caras para las personas que viajan solas. Y, además, hay que despedirse mucho. Conocer gente es agradable, pero decir adiós a tus nuevos/as amigos/as a menudo no es tan agradable.

Sin embargo, viajar solo/a es bueno para ti. Hablamos sobre el crecimiento personal, pero debido a que este es un concepto tan amplio que puede parecer vacío, la gente a menudo lo ridiculiza. Sin embargo, hay situaciones y procesos específicos dentro de los que viajar solo/a puede cambiarte como persona.

Para comenzar, te pone en contacto con diferentes nacionalidades. Conocer gente de diferentes partes del mundo te dará una idea de las diferentes mentalidades, formas de pensar sobre la vida, etc. También te permitirá pensar más sobre el lugar al que llamas hogar y cómo es la vida allí en comparación con la vida de tus compañeros de viaje.

. . .

Además, es una buena oportunidad para reflexionar sobre ti mismo/a.

Cuando viajas solo/a, realmente encuentras respuestas a preguntas como '¿Qué es lo que realmente me gusta hacer?', '¿Con qué tipo de personas me gusta pasar el rato?', '¿En qué ambiente me siento realmente ¿contento/a?' y así, las respuestas a estas preguntas permanecerán en tu mente incluso cuando regreses.

Esto también te genera habilidades sociales: como viajero solo/a, la gente estará mucho más dispuesta a hablar contigo. La manera perfecta de probar o perfeccionar tus habilidades de conversación si eres tímido/a por naturaleza.

Una de las preguntas más frecuentes debe de ser ¿a dónde es mejor viajar?, pero la respuesta depende de mucho. Algunos lugares, ciudades, países son más peligrosos que otros. La investigación es clave. Siempre puedes consultar el sitio web de asuntos exteriores de tu gobierno para consultar los consejos de viaje para una región determinada.

. . .

Lo que es más importante: no te pongas en situaciones potencialmente peligrosas porque no eres consciente de tu entorno. Ubícate en dónde estás y siente realmente el entorno. Ten en cuenta que la mayoría de la gente es buena, solo unas pocas manzanas podridas intentarán aprovecharse de ti, así que trata de escuchar sus consejos y no tengas miedo de preguntar algo a los lugareños.

Desafortunadamente, las mujeres siempre deben tener un poco más de cuidado cuando viajan solas. Afortunadamente, el mundo de los viajes es consciente de ello y se han tomado muchas medidas para que las mujeres se sientan cómodas mientras viajan solas.

Existen, por ejemplo, grupos de Facebook solo para mujeres: puedes consultar en alguna comunidad de viajes en línea. Hay un montón de grupos que dan consejos para mujeres que viajan solas. Te aconsejan a dónde ir, qué lugares evitar y mucho más.

Otra opción son los dormitorios de albergue femenino: ¿no quieres dormir entre toda esa testosterona (o ronquidos)? Muchos albergues tienen dormitorios que están reservados solo para mujeres.

Un consejo general de seguridad es realizar recorridos organizados y evitar terminar solo/a en un lugar desolado. Ten cuidado por la noche o cuando tengas una cita o una discoteca. Es triste que todavía tengamos que escribir esto en el siglo XXI, pero es así. Además, asegúrate de tener siempre en la marcación rápida un número de alguien que te ayudará lo antes posible (recepción del albergue, embajada, etc.).

¡Prepárate! Lo dijimos antes, pero revisa dónde se encuentra tu hostal u hotel, revisa tus tiempos de viaje, avisa a tus contactos de confianza sobre tu itinerario. Algunos tips extra que puedes tener en mente cuando tomes la decisión de viajar solo/a:

1. Evita alojarte en un cuarto individual

Algunas líneas de cruceros y hoteles pueden requerir que dos personas compartan la propiedad. Si lo quieres todo para ti, tendrás que pagar un solo cuarto para que el proveedor de viajes pueda seguir obteniendo los ingresos previstos como si trajeras un/a compañero/a de viaje. Estas tarifas se revelarán antes de reservar. Si no, asegúrate de preguntar antes de confirmar la reserva.

2. Quédate en algún lugar con múltiples calificaciones positivas

Viajar solo/a puede hacerte sentir más vulnerable en un lugar desconocido. Antes de reservar un lugar para quedarte, investiga un poco y solo quédate en un hotel o propiedad de Airbnb con múltiples críticas positivas. Estas revisiones te darán una buena idea de qué esperar del anfitrión, el vecindario y si algún inquilino podría compartir la propiedad contigo.

3. Quédate en algún lugar con Wi-Fi gratis

Dependiendo de la época del año en la que viajes, es posible que oscurezca temprano, lo que significa que no querrás estar afuera explorando tanto tiempo como en una tarde de verano. Si vas a pasar mucho tiempo en tu hotel, asegúrate de alojarte en un lugar con wifi gratuito. Puedes usar este tiempo para Skype o Facetime con tu familia y amigos en casa para contar tus aventuras del día.

Y también puedes usar el wi-fi para transmitir películas, responder correos electrónicos y navegar por la web. Si te hospedas en un lugar que cobra una tarifa para acceder al punto de acceso wi-fi, es posible que puedas evitar esa tarifa alojándote en un hotel donde tengas un estatus de membresía elevado y puedas disfrutar de wi-fi en la habitación como un beneficio gratuito.

4. Conoce a otros viajeros

Otra forma de romper con la monotonía de viajar solo/a es conocer a otros viajeros. Tu conversación no tiene que terminar cuando aterrizas y bajas del avión. De hecho, dos grandes recursos que pueden ayudarte a conectarte con otros viajeros e incluso con los lugareños son Couchsurfing (similar a Airbnb) que te permite quedarte con propietarios locales donde también puedes conocer a otros viajeros.

Independientemente de dónde te alojes cuando viajes, también puedes usar aplicaciones para encontrar eventos y actividades locales que se llevan a cabo en la ciudad. Es posible que puedas pasar el rato en un café determinado o incluso asistir a un festival local que no se menciona en ninguna de las guías. Hay muchas oportunidades en cada ciudad, así que asegúrate de revisar esto antes de llegar.

5. Relájate mientras comes

Las comidas también pueden ser un buen momento para relajarse y ser uno mismo/a. Sí, puedes entablar una conversación con el mesero o el cantinero, pero tu comida también puede ser un buen momento para sentarse y reflexionar. Tal vez uses el tiempo para planificar el resto de tu día, ponerte al día con los correos electrónicos si el lugar tiene wifi gratuito, o leer un libro.

Si no quieres verte fuera de lugar, puedes considerar visitar un café donde el ambiente informal atraiga a muchas personas solteras y grupos que también buscan un respiro. Si deseas más privacidad, elige una cabina de restaurante. Cualquiera de los dos escenarios puede brindarte el anonimato que podrías estar buscando, y la comida y el ambiente pueden ser más agradables que en un local de comida rápida.

6. Comienza tu día temprano

Si la idea de recorrer bares e ir a clubes nocturnos solo/a no te parece atractiva, sé madrugador/a. Hay muchas oportunidades para hacer turismo solo/a y estar completamente seguro/a si visitas una ciudad grande y bulliciosa. Levantarte temprano también hace que sea más fácil evitar las multitudes en las atracciones populares una vez que las familias y los noctámbulos dejan su hotel por el día.

. . .

7. Haz algo que normalmente no harías con otros

Cuando viajas solo/a, es posible que dudes en probar cosas nuevas en caso de que no salgan como esperabas y no tengas a nadie a tu lado. En cambio, este puede ser un momento para probar algo que otros en tu grupo de viaje normal no harán.

Por ejemplo, puedes pasar todo el día recorriendo un museo de arte cuando los demás prefieren pasar el rato en la playa, o viceversa. Tal vez hay algo que puedas hacer solo/a que no puedes hacer si llevas a los niños. Este viaje también puede ser una excelente oportunidad para tachar un elemento de tu lista de deseos.

8. Toma muchas fotos

Con los teléfonos inteligentes y los puntos de acceso Wi-Fi gratuitos casi universales, es más fácil que nunca tomar fotografías de cada visita. Al compartir instantáneamente tus fotos en las redes sociales, es casi como si tus amigos y seres queridos estuvieran contigo en tu viaje, ya que pueden disfrutar de casi cada momento en tiempo real. Si bien puedes sacar un selfie-stick, no es necesario. Siempre tenemos envidia de ver nuevos lugares que actualmente no podemos visitar.

9. Deja una copia de tu itinerario de viaje con amigos y familiares

Hazles un favor a sus amigos y familiares y envíales una copia de tu itinerario que incluya los horarios de tus vuelos, las reservas de hotel y tal vez incluso una idea aproximada de tu programa de visitas turísticas. Si vas a viajar al extranjero, también tómate unos minutos para registrar tu viaje (antes de ir) con el Departamento de Estado, la embajada o el consulado local pueden comunicarse contigo si es necesario.

10. Haz una lista de tu información de contacto de emergencia

Este consejo final es una buena idea para todos los viajeros. Haz una lista de tu información de contacto de emergencia que sea fácilmente accesible.

La lista puede incluir tu propia información de contacto personal, el nombre de un contacto de emergencia en tu hogar y cualquier otro número de teléfono pertinente que puedas necesitar.

. . .

Por ejemplo, puedes incluir el número de teléfono gratuito de la compañía de tu tarjeta de crédito en caso de que te roben tu tarjeta o si tienes que activar los beneficios de protección de viaje si tus planes se interrumpen.

También debes tomar una foto de tu estufa. Puede ser fácil olvidarte de apagar la estufa, la cafetera o la plancha antes de dirigirte al aeropuerto, ya que te aseguras de no olvidarte de empacar nada. Una vez que llegues al aeropuerto, mira la imagen de los diales de tu estufa para asegurarte de que todo esté apagado. De lo contrario, llama a un amigo/a o propietario/a para que lo apaguen y esa será una preocupación menos en su mente mientras esté fuera.

Realmente podría ser una de las experiencias más agradables que jamás hayas tenido. Claro, es divertido crear recuerdos con tus amigos y familiares, pero los viajes solos también son de mucha diversión. Solo necesitas tener una actitud positiva.

9

Socializa

En los últimos capítulos, nos hemos centrado mucho en las actividades que puedes hacer solo, pero aquí está la cuestión: cuando eres soltero/a, no debes pasar todo tu tiempo libre solo/a. Como mencionamos al comienzo del libro, tienes que buscar un equilibrio entre la socialización y el tiempo a solas que sea adecuado para ti.

Entonces, cuando quieras socializar, observa a los que te rodean para pasar un buen rato. Organiza una noche de fiesta con tus amigos. Si estás cerca de tu familia, reúnanse para una noche de juegos. ¡Las posibilidades son infinitas! Y lo mejor de los amigos y la familia es que a menudo puedes llevarlos a lugares y hacer actividades con ellos que quizás hayas hecho con una persona importante, y no hará que nada sea tan raro e incómodo como si te hubieras ido solo/a.

Puedes hacer la mayoría de las actividades de las que hablamos en este libro, si no todas, con amigos, y algunas incluso pueden ser más agradables si tienes a alguien que te acompañe en el viaje. ¡También puedes incluir a un amigo en muchas de las actividades anteriores si lo deseas! No hay nada que diga que no puedes mientras sea divertido para ti. Los amigos también son geniales para introducirte en cosas nuevas y vivir aventuras contigo, para que todos puedan experimentar algo nuevo.

Tener interacciones sociales regulares con personas que te conocen es importante para ayudarte a crecer como persona. Todos nos vemos afectados por quienes nos rodean y, como eres soltero/a, querrás ser aún más consciente de cuántas perspectivas diferentes hay en tu vida.

Tener un/a compañero/a generalmente viene con una persona incorporada para darte un pequeño control de la realidad cuando te estás estancando en tus caminos. Si socializas regularmente con amigos y familiares que piensan diferente a ti y todos disfrutan ampliando sus horizontes, ¡eso es aún mejor!

· · ·

Socializar con gente nueva también es una excelente manera de asegurarse de que todavía estás ejercitando tus músculos sociales.

Conocer gente nueva en un entorno sin presiones ni centrado en las relaciones es una manera muy divertida de pasar una noche o un fin de semana. A menudo, simplemente te encontrarás con personas mientras realizas una actividad que planeaste hacer solo/a, y conocerás a algunos nuevos en el camino que comparten tu interés.

Tener a una persona con la que puedas conversar, incluso solo durante el tiempo que dure actividad que estás realizando, hace que algo como una clase o un deporte sea mucho más agradable. ¡También podrías aprender una o dos cosas!

Internet también es una excelente manera de conocer nuevos amigos y mantener amistades a través de largas distancias y con agendas ocupadas. Las redes sociales vienen con sus inconvenientes, por supuesto, pero a menudo vale la pena cuando tienes la intención de encontrar un grupo de personas para llamar a tus amigos.

· · ·

Hay innumerables grupos en las redes sociales, servidores de Discord, salas de chat y otros foros donde puedes conocer e interactuar con personas de todo el mundo que comparten tus mismos intereses.

Tener un grupo de personas (ya sea que se conozcan o no) para compartir tu viaje te ayudará a aprovechar al máximo tu situación. Los seres humanos se consuelan sabiendo que nuestras pruebas tienen algún significado, y ¿qué mejor significado que poder ayudar a quienes te rodean a través de tus experiencias?

Las reuniones sociales son una buena oportunidad para reunirte con personas de confianza para compartir tus experiencias y aprender unos de otros. Puedes compartir todo lo que has aprendido de este libro y de tus propias experiencias con quienes te rodean para obtener no solo su perspectiva sobre cómo podrías mejorar tu vida, sino también para poder enriquecer sus vidas y ayudarlos a ellos o a alguien que conocen, que también puede estar luchando.

Esta actitud hacia la socialización, junto con el deseo de pasar un buen rato y vincularnos con los demás, es lo que realmente nos mantiene en marcha, sin importar el estado de nuestra relación. Las noches sociales pueden ser algo más que diversión y juegos, y eso también es bueno.

Como todo lo demás de lo que hemos hablado en este libro, lograr el equilibrio es de suma importancia.

Si te gusta un grado de anonimato cuando compartes sobre tu vida personal, hay muchos grupos y foros en línea donde puedes crear una comunidad de personas con las que compartir algunos aspectos de tu vida.

A veces, tener la protección de la comunidad en línea nos ayuda a ser más abiertos y honestos porque todos somos naturalmente más valientes detrás de las pantallas de las computadoras. Y en este caso, está totalmente bien. Por supuesto, todos sabemos que Internet no está exento de problemas, así que toma todo lo que hagas en línea con un grano de sal y un poco de precaución; pues este es el mundo en el que vivimos, y ya estamos todos algo acostumbrados.

Mientras estamos en el tema de la precaución, ten cuidado con los grupos de solteros. Seamos realistas, la mayoría de los grupos de "solteros" definitivamente tienen esa vibra de "estamos todos buscando a alguien y esto es solo un grupo de citas para elegir". Probablemente ese no sea el ambiente más cómodo para ti si no estás pensando en tener una cita por un tiempo.

Las personas con quienes te rodeas realmente tienen un impacto en tu felicidad general.

Al final del día, tú tienes el control de tu felicidad, pero asegúrate de no involucrarte con personas que te presionen para que vivas de una manera que no quieres.

Los grupos de solteros han asumido este papel en la sociedad, reforzando el concepto de que necesitas a alguien para ser feliz. Por supuesto, siempre puedes probar con un grupo o dos, no todos van a ser iguales, pero definitivamente vale la pena mencionar ese problema potencial (unas cuantas veces).

Como se mencionó anteriormente, puedes encontrar a personas que tengan tus mismos ideales o intereses durante una clase o actividad. Ese tipo de actividades más atractivas socialmente definitivamente cuentan como tiempo social e incluso pueden ayudarte a encontrar un grupo de amigos a largo plazo. No te preocupes, Internet definitivamente no es tu única esperanza para encontrar un grupo de personas con ideas afines con las que pasar el rato.

Por supuesto, hay algunas personas que tampoco buscan amistades a largo plazo. Es común estar agotado/a en las relaciones de todo tipo cuando estás dando un paso atrás en las citas después de una mala experiencia.

No hay nada de malo en querer o necesitar tomar un descanso, sin importar lo que la sociedad te diga.

Este capítulo estuvo realmente cargado de amistad a largo plazo, y es importante resaltar que esa no es la única forma válida de tener una vida social plena. Si sólo estás buscando algo pasajero de baja presión, Internet (¡sí, eso de nuevo!) Es una excelente manera de socializar sin el estrés de tener que mantener ningún tipo de relación con nadie.

Vale la pena señalar que este tipo de comportamiento social no es una práctica sostenible, y si descubres que así es como estás operando durante más de un año, podría valer la pena considerar si hay un área de crecimiento que pueda necesitar tu atención.

Socializar es como hacer ejercicio: continuar haciéndolo y tratar de construir y mantener relaciones es saludable, y tus habilidades y confianza mejorarán como lo hace la definición muscular y la resistencia cuando haces ejercicio. Esa puede ser una analogía extraña, pero para todos los entusiastas del fitness, saben lo que significa.

Por lo tanto, independientemente de cómo elijas hacerlo, asegúrate de al menos intentar pasar tiempo con otras personas en un horario más o menos regular. Incluso si eres introvertido/a, comenzarás a sentir algunos efectos adversos graves si te alejas del mundo social durante demasiado tiempo.

Como todo lo que vale la pena hacer, construir y mantener tus amistades requiere tiempo y esfuerzo. Cuando estés tratando de descubrir tu nueva vida como una persona soltera, considera el equilibrio entre el tiempo a solas y el social en tu horario (sí, sí, lo has escuchado antes, ¡pero vale la pena mencionarlo nuevamente!).

· · ·

Con suerte, nunca antes has experimentado un agotamiento total, pero si estás familiarizado/a con él, el agotamiento ocurre en muchos trabajos cuando estás sobrecargado/a de trabajo y estresado/a constantemente donde no puedes disfrutar de un equilibrio trabajo/vida. Sin embargo, el agotamiento no solo proviene de los trabajos. De hecho, puede haber sido el agotamiento lo que hizo que abandonaras la búsqueda de una pareja romántica y comenzaras a leer este libro.

Puedes agotarte con cualquier actividad que realices con frecuencia sin un descanso adecuado. La energía emocional es difícil de cuantificar, aunque todos hemos sentido cuando nos quedamos sin ella en algún momento de nuestras vidas. Gastamos energía emocional cuando escuchamos los problemas de otra persona, tratamos de ofrecer consejo o hacemos algo que es emocionalmente difícil, como tener una conversación difícil con alguien.

Sentir emociones intensas también gasta o genera energía emocional. Las emociones positivas generalmente te dejan con más energía emocional de la que tenías antes, mientras que las emociones negativas te dejan sintiéndote agotado/a.

· · ·

Cuando te estás quedando sin energía emocional, es difícil lidiar con el estrés. Por extraño que parezca, es fácil responder con más fuerza a las cosas cuando estás emocionalmente agotado/a, aunque estas respuestas requieren más energía. Es un ciclo difícil de romper. Este ciclo también contribuye al agotamiento y la dificultad en las relaciones.

La buena noticia es que la energía emocional regresa con bastante facilidad.

Para recuperar la energía emocional, todo lo que normalmente tienes que hacer es tomar un descanso de las actividades e interacciones emocionalmente intensas.

Mantenerte alejado/a del drama es útil para recuperar la energía emocional, al igual que no consumir noticias por un tiempo. Estas notas, aunque te las han inculcado a lo largo de este libro, están absolutamente ligadas a la socialización y a la falta de equilibrio.

Considera que el agotamiento y el equilibrio en tu vida, así como también tus niveles de energía emocional pueden estar advirtiéndote de relaciones tóxicas. Sí, la toxicidad no se limita solo a las relaciones de pareja. Lo creas o no, las amistades también pueden ser tóxicas y dañinas. Con suerte, no sabrás cómo es eso de primera mano y nunca lo sabrás, pero es algo a lo que debes prestar atención.

También es una calle de doble sentido. Si te estás quedando sin energía emocional, podrías terminar siendo la persona que está haciendo más daño que bien. Esto no tiene la intención de asustarte, solo de ayudarte a tener en cuenta el equilibrio que te ayudará a disfrutar realmente de tus noches sociales y ser el/a amigo/a que deseas ver en el mundo.

No importa cómo elijas pasar tu tiempo social, es importante ser intencional con respecto a ese tiempo. Es por eso que se hace hincapié en planificar u organizar el tiempo con amigos y familiares, de modo que todos dediquen tiempo para construir sus relaciones y divertirse juntos. Reservamos tiempo para lo que es importante para nosotros. El tiempo social es una de esas cosas que es esencial para nuestro crecimiento y felicidad como personas.

10

Circunstancia o estilo de vida

A ESTAS ALTURAS, te has hecho una idea bastante clara de todo lo que la vida de los solteros tiene para ofrecer.

Suena bien, ¿no? Espero que hayas encontrado consuelo y paz en tu decisión de permanecer soltero/a por un tiempo y tienes más ideas de lo que puedes hacer con tu tiempo libre.

Si has estado soltero/a durante mucho tiempo cuando estés leyendo esto, es posible que hayas comenzado a pensar en cuándo (si es que alguna vez) te gustaría volver a tener citas. Entonces, ¿cómo sabes cuándo es el momento de tomar la decisión de estar soltero/a al largo plazo o de volver al grupo de citas?

. . .

Es mucho más fácil saber cuándo es el momento adecuado para comenzar a salir de nuevo porque alguien se cruzará en tu camino con el que estás interesado/a en tener una relación y querrás hacerlo, o te sentirás listo/a para empezar a salir de nuevo porque no importa lo feliz y cómodo que estabas solo, sientes que faltaba algo y estás listo para tu próxima aventura.

Saber que quieres permanecer soltero es un poco más complicado. A menos que ya hayas tomado una decisión cuando hablábamos de saber cuándo dejar de buscar pareja, tienes un pequeño examen de conciencia por delante. Hay mucho que se necesita para tomar esa decisión porque estar en una relación realmente afecta cada parte de tu vida.

Comienza imaginando tu futuro. ¿Qué ves? Esto mismo podría decirte si hay algún momento en tu vida en el que deberías intentar salir de nuevo. Si no te ves con una pareja, entonces comienza a pensar en tus objetivos profesionales y en tus objetivos de vida. En algún lugar, pregúntate por qué crees que quieres seguir soltero/a.

. . .

Pregúntate qué ganarás o perderás si tienes pareja.

La respuesta a la pregunta más importante de si debes establecerte en la vida de soltero/a al largo plazo vendrá a ti. Y recuerda, incluso si dices que estarás soltero/a de forma permanente, no hay nada que te obligue a hacerlo.

Tal vez en unas pocas décadas alguien se cruzará en tu camino y estarás listo/a para seguir una vida con esa persona.

Es útil considerar tu decisión de ser soltero/a en el futuro previsible como una soltería indefinida en lugar de un estado permanente. Independientemente de cómo quieras pensar en el estado de tu relación para ayudarte a sentirte más cómodo/a con él, depende totalmente de ti.

Solo recuerda que todo es una elección, y te sentirás mucho más cómodo/a una vez que seas dueño/a de esa decisión y sepas que la aprovecharás al máximo.

Entonces, ¿por qué es tan importante hacer esta distinción entre estar soltero/a hasta que encuentres a alguien y elegir estar soltero/a indefinidamente sin ningún plan para comenzar a buscar a alguien?

La forma en que pienses sobre el estilo de vida de soltero/a con respecto a tus objetivos de relación a largo plazo afectará la forma en que comiences tu viaje más de lo que imaginas.

Otro gran consejo es imaginar cómo será tu vida en un año, cinco años y así sucesivamente para ver si hay un futuro que puedas ver en el que te gustaría tener una pareja. Lo que sea que creas que te deparará el futuro en este momento debería mostrarte lo que quieres en el futuro.

Y, además, el hecho de que desees una pareja dentro de una década o cada vez que lo veas más cercano en tu gran plan no significa que debas renunciar a la idea de que quieres estar soltero por un período prolongado de tiempo por ahora. Es sólo un poco de alimento para el pensamiento.

· · ·

Cuando imagines tu futuro, ten en cuenta algunas señales de advertencia de que no te estás preparando para el éxito:

- ¿Tu futuro incluye a otras personas como familiares o amigos?
- Cuando imaginas un día en tu vida dentro de cinco años, ¿estás solo/a?
- ¿Cómo te sientes cuando estás imaginando tu futuro?
- ¿Puedes siquiera concebir una década a partir de ahora?
- ¿Tienes cosas que esperas con ansias?

Tener esas preguntas en mente cuando tratas de imaginar tu futuro y si crees que podrías querer a alguien románticamente más adelante realmente te ayudará a tener algo de claridad en más áreas además de tu vida amorosa.

Si no te sientes feliz y entusiasmado/a con tu futuro, podría haber algo que deberías investigar para cambiar ese ceño fruncido. Es difícil emocionarte por cosas que tal vez nunca lleguen a suceder, pero tener la meta de cómo quieres que sea tu vida y ser capaz de trabajar hacia algo que te emociona es parte de un estilo de vida saludable.

· · ·

Eso se extiende mucho más allá del ámbito de encontrar la felicidad como una persona soltera, pero realmente vale la pena mencionarlo.

Después de leer todo esto, ¿cómo te sientes acerca de la decisión de estar soltero/a al largo plazo? Si todavía tienes algunas cosas en las que debas pensar, podría valer la pena posponer la decisión por un tiempo más. No es como si alguien necesitara que tomes esa decisión de inmediato.

Si te pone nervioso/a comprometerte a eliminar el "todavía" y el "por ahora" de tu mentalidad con respecto a tu vida de soltero/a, no lo hagas. Este tipo de decisión es solo para tu propio uso y nadie más tiene que saber si has decidido estar soltero/a durante un largo periodo de tiempo o simplemente estás esperando hasta que te sientas listo/a para volver a salir.

Como mencionamos anteriormente, tomar la decisión te ayuda a ser más intencional en la formación de hábitos y te permite prepararte para los sentimientos y preguntas que pueden surgir a lo largo de tu carrera como persona soltera.

· · ·

Indicadores de que disfrutas estar solo/a

Como ya hemos repetido constantemente, estar solo/a no es necesariamente algo malo, ya que hay una cantidad de beneficios que surgen una vez que aprendes a abrazar la soledad. No se está defendiendo que vayas como Tom Hanks en Náufrago, porque nadie puede discutir los beneficios y la alegría que vienen con las relaciones satisfactorias con otras personas.

Sin embargo, una vez que aprendas a disfrutar de estar solo/a, vas a crecer como persona. Ser independiente no es algo de lo que debamos avergonzarnos, y si prefieres disfrutar de un café solo/a en lugar de con amigos, está completamente bien.

Si prefieres compartir tu cama doble contigo mismo en lugar de con otra persona, esa es tu elección. Si solo quieres tu espacio, es tu espacio. Algunas personas simplemente no necesitan a otras personas (más allá del requerimiento saludable, pues somos seres sociales), y eso está bien. Les encanta ese estilo de vida en solitario. Aquí hay 10 señales de que prefieres estar solo/a:

. . .

1. Te encantan los fines de semana libres

Tu tipo de fin de semana es uno que no implica planes, responsabilidades o socialización.

Prefieres quedarte en casa solo/a (viendo Netflix, comida china para llevar y pantalones cómodos) que salir un sábado por la noche arreglado/a, con gente borracha y ropa demasiado ajustada.

2. Te encanta ir al cine por tu cuenta

No sientes la necesidad de obligar a tus amigos a ver la última película de los Oscar o la serie de televisión de los 80 convertida en reinicio de la película. Si quieres ver una película, verás la película, con amigos o sin ellos; especialmente si eres el tipo de persona a la que le gusta mantenerse actualizada con las últimas películas. Además, tienes la garantía de tener todas las palomitas de maíz para ti solo/a.

3. Te sientes cómodo/a comiendo fuera solo/a

Salir a cenar con amigos o personas importantes puede ser divertido, pero también puede ser una pesadilla (pensando en alergias, conversaciones forzadas y dividir las cuentas). Por lo tanto, puede ser que te vuelvas un/a gran fanático/a de comer solo/a. No tienes que satisfacer las necesidades, los presupuestos o las preferencias estéticas de todos. Además, tienes garantizada toda la comida para ti. ¿A quién le gusta compartir comida?

4. Prefieres beber solo/a

Algunos piensan que es triste si consumes alcohol solo/a. Sin embargo, tú crees que es el epítome de la felicidad. Solo tú, una botella de vino y sin expectativas.

Además, no tienes que preocuparte por intentar llegar a casa porque ya estás en casa.

5. Viajas solo/a por el mundo

La idea de descubrir el mundo por tu cuenta no te asusta, te emociona. Te permite ir a donde quieras, ver lo que quieras y hacer lo que quieras, sin la restricción del itinerario de otra persona. Viajar solo/a te permite descubrirte a ti mismo/a sin la distracción y la presión de la presencia de otra persona.

También te da la oportunidad de salir de tu zona de confort y hacer nuevos amigos. Viajar solo/a es divertido, pero viajar con extraños es aún más divertido porque no tienen juicios preconcebidos sobre ti (bajo las precauciones de seguridad pertinentes).

6. Odias compartir la cama

Las camas dobles generalmente están hechas para que las compartas con alguien, pero prefieres las estrellas de mar en el verano y envolver tu cuerpo en un burrito de manta en el invierno. No tienes interés en pelear por las cobijas en la noche o despertar con el mal aliento de otra persona.

7. Te relajas conduciendo solo/a

Nada cura mejor un mal día y pensamientos oscuros que un viaje solitario a la playa o en una carretera abierta. En un mundo de constante interacción social (en línea y fuera de línea), conducir solo/a se puede convertir en tu mecanismo para escapar del mundo por un breve momento. Además, puedes encender tu música y cambiarla cuando quieras.

8. Descuidas mucho tu teléfono

No sientes la necesidad de enviar mensajes de texto constantemente a tus amigos u otras personas importantes para la interacción social. En todo caso, probablemente odies recibir llamadas y mensajes de texto sin sentido. A veces, te olvidas de revisar tu teléfono o responder a los mensajes.

9. Puedes estar socialmente por largos periodos de tiempo

A veces, tus amigos o familiares no te verán durante días, semanas o incluso meses. No les preocupa si has muerto porque has actualizado en las redes sociales al menos una vez. Solo saben que tienes tus límites de socialización.

No sientes la necesidad de socializar cada momento que estás despierto/a. Aunque eres capaz de disfrutar de una noche de fiesta con amigos, preferirías hacer lo tuyo, ya sea un proyecto nuevo o leer un clásico.

10. Ves a las personas "pegajosas" como un rasgo poco atractivo

Te asusta la idea de no poder salir de un compromiso, ya sea comprometerte a cenar con amigos, estar en una relación o incluso tu contrato de telefonía móvil. Necesitas ese espacio para estar solo/a, física y mentalmente.

. . .

No puedes soportar a alguien que constantemente quiere estar apegado/a, especialmente a ti.

Incluso cuando estás en una relación, necesitas ese tiempo a solas para recuperar la cordura. Alguien que requiere toda tu atención es un factor decisivo automático.

No importa cuán exigentes puedan ser el trabajo, la familia, los amigos y las relaciones, siempre necesitas ese tiempo para alejarte de todo y tener ese espacio para ti.

Solo tus momentos y pensamientos son las únicas cosas que la sociedad no puede controlar. Tus decisiones son de todo corazón, y eso te encanta.

Conclusión

CERRANDO con este libro de consejos extremadamente útiles para el bienestar y con la enseñanza de que la soledad no es mala, hay que tener presente el hecho de que tenemos que tratar a toda costa de evitar las creencias que nos impone la sociedad hacia temas considerados como tabú o delicados.

Es más fácil mantenerte firme con tus propios y preferencias cuando empiezas a pasar tiempo contigo mismo/a, sin importar las convenciones sociales o el qué dirán. Incluso a pesar de que salir a comer solo/a o disfrutar el tiempo contigo de alguna otra manera puede llegar a atraer miradas, no tengas miedo a hacer aquello que realmente deseas, ¡tu independencia es una oportunidad!

. . .

Estar a gusto contigo mismo/a es la base para la salud y el bienestar psicológico. Son los cimientos de la autoestima, así como la motivación, aquella que se refleja a través de nuestras acciones. Una persona acostumbrada a estar consigo misma, en todo caso, refleja seguridad, dominio y equilibrio emocional.

El que una relación se termine no es el fin del mundo, y aunque parezca difícil mantener la estabilidad emocional después de una ruptura de pareja, debes saber y confiar en que cuentas con una gran red de apoyo: familia y amigos en primer lugar, que pueden sostener tu camino, incluso aunque físicamente no se encuentren cerca.

Algo importante a recalar es que, si tus sentimientos de soledad o añoranza incrementan, es imprescindible buscar apoyo profesional, un tercero neutral, objetivo y preparado profesionalmente con técnicas para el abordaje de todos los cambios que están sucediendo en tu vida y la perspectiva que le das a tu tiempo contigo.

Aprender a estar "solo/a" es algo difícil pero imprescindible de aprender, pues es mejor invertir tiempo en ti mismo/a y de ese modo encontrar tu propia felicidad sin necesidad de depender de una pareja.

No es malo darte un tiempo para conocerte y quererte: de hecho, es de lo mejor que puedes hacer por ti e incluso esto te ayudará con tus futuras relaciones en dado caso que decidas volver a las andadas, y conocer a otra persona, porque aprenderás a valorarte y saber lo que te gusta y lo que no, respetar tus requerimientos y necesidades, y compartir tu felicidad propia con tu pareja.

Y también es válido no querer intentarlo. Puedes ser feliz tu solo/a, y no te sentirás asilado/a, pues no solo tus amistades y tus familiares podrán brindarte su cariño y apoyo en todo momento, sino que habrás aprendido a apreciar y disfrutar el tiempo que tienes contigo, y, además, lograrás crecer y descubrirte de una manera diferente.

Eres una persona valiosa, inteligente y suficiente, y tienes la capacidad de darte cuenta de esto y aprovechar al máximo el tiempo que pases contigo. La paz que tendrás una vez que cambies tu manera de ver el mundo y aprecies el tiempo para ti, cambiará totalmente la idea negativa que podrías tener de vivir por tu cuenta. ¡Puedes hacerlo!

Referencias

N/D. Autophobia (Fear of Being Alone): Causes & Treatment. *Cleveland Clinic*. https://my.clevelandclinic.org/health/diseases/22578-autophobia-monophobia-fear-of-being-alone

Carmichael, C. (2022). Seven Ways to Deal with Loneliness (and When to Seek Help). *WikiHow*. https://www.wikihow.com/Deal-With-Loneliness

N/A. (2022) Causes and effects of loneliness. *iPractice*. https://ipractice.nl/en/symptoms/loneliness/causes-and-effects-of-loneliness/

Davenport, B. (2022). 41 fun things to do by yourself. *Live Bold and Bloom*. ; Barrie Davenport. Recuperado de: https://liveboldandbloom.com/08/habits/things-to-do-alone

Ebba, A. (2019). 5 Signs Your Brain and Body Are

Begging for 'Alone Time'. *Healthline.* https://www.health-line.com/health/mental-health/time-for-alone-time

Groner, S. (2021). Overcoming the Fear of Being Alone: Why You Feel It & How to Cope. *Glamour.* https://www.glamour.com/story/how-to-face-your-fear-of-being-alone

Jet, J. (2017). Ten tips for traveling alone. *Forbes.* https://www.forbes.com/sites/johnny-jet/2017/10/23/ten-tips-for-traveling-alone/?sh=7f269437c498

Cherry, K. (2022) Loneliness: Causes and Health Consequences. *Verywell Mind.* https://www.verywellmind.com/loneliness-causes-effects-and-treatments-2795749

N/D. Afterparty: Why solo travel is good for your soul. *Kilroy.net.* Recuperado de https://www.kilroy.net/blog/why-solo-travel-is-good-for-you-r-soul

N/D. Eight ways to ease the pain of loneliness. *Greater Good.* https://greatergood.berkeley.edu/article/item/eight_ways_to_ease_the_pain_of_loneliness

Robinson, T. (2022). 10 Things That Happen When You Start to Enjoy Being Alone. *Lifehack.* https://www.lifehack.org/articles/communication/when-you-start-enjoy-being-alone-these-10-things-will-happen.html

Siclait, A. (s/f). 17 easy things to do when you're feeling lonely. *Uchicago.edu.* https://psychiatry.uchicago.edu/news/17-easy-things-do-when-youre-feeling-lonely

Warwick, J. (2015). Alone isn't lonely: 10 signs you're perfectly happy with solitude. *Elite Daily*. https://www.elitedaily.com/life/alone-isnt-lonely-10-signs-youre-perfectly-happy-